Pacto en la sombra

PREMIO DE PERIODISMO

Planeta

2006

Édgar Téllez • Jorge Lesmes

Pacto en la sombra

Los tratos secretos de Estados Unidos con el narcotráfico

COLECCIÓN
PREMIO DE PERIODISMO
Planeta

Cubierta: fotografía Carlos Duque

© Édgar Téllez y Jorge Lesmes, 2006
© Editorial Planeta Colombiana S. A., 2006
Calle 73 N° 7-60, Bogotá

Primera edición: noviembre de 2006

ISBN (Rústica): 978-958-42-1515-4
ISBN (Tapa dura): 978-958-42-1517-8

Impreso por: Quebecor World Bogotá S. A.

*A Juan Manuel, por su permanente interés, y a Aurora,
por su valiosa colaboración e infinita paciencia.*

ÉDGAR TÉLLEZ

A Nora y Juan Daniel, la razón de mi vida.

JORGE LESMES

Prólogo de
JULIO SÁNCHEZ CRISTO

Lo único que le faltaba a este libro ocurre justo por estos días. El fiscal general de la Nación en Colombia habla de beneficios judiciales para que aquellos traficantes menores colaboren con la justicia y así se pueda llegar a los grandes jefes del negocio hoy.

Durante años hemos hablado de los acuerdos secretos a los que habrían llegado narcotraficantes colombianos con las autoridades norteamericanas. Siempre fueron negados.

En una impecable investigación, al estilo no sólo de grandes periodistas que son sus autores, sino además de verdaderos libretistas, Édgar Téllez y Jorge Lesmes nos demuestran que la historia, además de ser cierta, es emocionantemente veraz. Sin proponérselo, porque no es su oficio, acaban de publicar no sólo uno de los mejores libros sobre el crimen organizado en Colombia, sino también el soporte para la película que Hollywood siempre ha querido hacer sobre mafia y nuestros capos.

Los autores resuelven dónde está el punto que une los más sonados episodios desde Pablo Escobar, El Mexicano, los Ochoa, el Cartel de Cali en pleno, sus guerras internas, los paramilitares, el Cartel del Norte del Valle, la Operación Milenio, hasta la muerte de Carlos Castaño. Ese lugar común de encuentro de todas estas historias está en la negociación de todos en una corte en los Estados Unidos, que una vez concluimos de leer toda la trama, a partir de ahora se llamará en Colombia "Resocialización".

Durante años me entrevisté con varios de los protagonistas de esta historia. Se la pregunté a la señora Janet Reno personalmente, a la juez Theresa M. B. van Vliet y a varias autoridades en Colombia y en los Estados Unidos. "No coments".

Visité a muchos jueces, abogados, narcotraficantes, DEA, FBI, oficiales de la embajada, y siempre me llamó la atención que a la mayoría los veía en oficinas o en restaurantes, mientras que a los que estaban negociando los veía en la cárcel un día y al otro en un café de South Beach o en el bar de un aeropuerto en los Estados Unidos.

La explicación de cómo lo hacían hace parte de este Pacto en la Sombra. Los que aceptaron colaborar pagaron penas bajas, entraban y salían en el proceso de negociación, dieron dinero, cumplieron con sus positivos, ayudaron a desmontar la operación, las rutas y hoy viven en los Estados Unidos, varios aún colaborando con las autoridades.

Esa opción la tuvieron todos. Para unos dio sus frutos, para otros no fue atractiva y otros murieron en el camino por intentar hacerla y a nombre de otros se presionó precisamente para que la aceptaran más.

Desde el Proceso 8.000 he admirado la tenacidad de Jorge y Édgar, por el rigor con que sustentan sus informes. Extraño que no estén juntos en el día a día de un medio en caliente, pero a lo mejor su disciplina de trabajo se los impide. Lo que leemos aquí es la recolección cuidadosa de documentos clasificados, grabaciones y testimonios que prueban cómo se adelantó el más ambicioso acuerdo, que siempre fue negado por las autoridades norteamericanas, entre una corte de los Estados Unidos y más de 100 narcotraficantes.

En el recorrido para descifrar este Pacto en la Sombra revive el testimonio de nuestro misterioso James Bond colombiano, Baruch Vega, quien es el enlace inicial de toda la operación. A Vega lo conocí en Estados Unidos, por cuenta de Jorge Lesmes, cuando trabajaba en la revista *Semana* y realizaba la primera entrevista que Vega concedía a un medio de comunicación.

Fue la primera vez que vi a una persona con un grillete electrónico en el tobillo. También estaba vestido de negro y, como dicen los autores, de buenos modales, desde entonces siempre dice: "mi señor…" El misterio de la personalidad de este ingeniero santandereano está por descubrirse. Si fue ingeniero de ITT, si estuvo detrás del derrocamiento de Allende en Chile, qué fue a hacer a Angola, si participó en el desmonte de las guerrillas centroamericanas, si alguna vez ha disparado un arma o si, al final, lo único que ha disparado es el obturador de su cámara fotografiando a las más bellas modelos del mundo.

Todavía existe algo de misterio en Vega, su relación con el histórico hotel Mutiny de Coconut Grove, pero sobre todo con ese Miami Beach escogido siempre por la mafia y las célebres leyendas para el ocaso de sus carreras. Llenar una tina con 670 botellas de Dom Perignon para celebrar el "corone" de un embarque será escena inolvidable de la película.

El médico Carlos Ramón, testigo clave de este testimonio, es eje de varios acuerdos y sus cuentos en su frentero estilo dibujan la personalidad de esta cultura que se entrelaza en varias páginas que encontrarán a continuación. A él lo conocí durante los viajes previos a su acuerdo, luego cuando pagó, estuve con él antes de entrar a la cárcel y luego en su libertad. En sus días de reclusión escribió un libro que decidió archivar y en donde nos quedó debiendo capítulos tan enigmáticos como el del príncipe árabe que llevó droga colombiana a Europa en su avión privado.

Con Lesmes y Téllez hacemos un fascinante viaje por la memoria reciente del problema en el que patinamos hace años y finalmente con este libro entendemos al menos una parte esencial de la historia. Digo que en este pacto "casi" todos ganan: las autoridades colombianas y norte-americanas, los que firmaron. El "casi" va por cuenta de los indicadores que muestran cómo las calles en Estados Unidos siguen inundadas de droga y el precio bajando.

Julio Sánchez Cristo
1 de noviembre de 2006

Introducción

La captura en 1995 de los dos principales jefes del Cartel de Cali y el posterior sometimiento a la justicia de sus socios no lograron cambiar la percepción que por aquella época Estados Unidos tenía del Gobierno y el Estado colombiano.

Por el contrario, el desmantelamiento de la que Washington calificó como la mayor organización criminal del planeta iba camino de convertirse en un gran fiasco porque las penas de prisión contempladas en los códigos eran demasiado laxas y no existían herramientas adecuadas para expropiar las enormes fortunas de los barones de la droga.

Además, la extradición había sido abolida en la reforma constitucional de 1991 y el cuestionado gobierno de Ernesto Samper no mostraba interés alguno en restablecerla. Y la fumigación de cultivos ilícitos estaba prácticamente suspendida debido a los pactos suscritos por funcionarios del Gobierno con los promotores de marchas campesinas que protestaban por el uso de glifosato. Como si fuera poco, las agencias antidroga habían descubierto que una segunda generación de narcotraficantes, totalmente desconocida, coparon los espacios dejados por los otrora poderosos capos de Cali y ya habían empezado a inundar de droga las calles de las principales ciudades estadounidenses.

El panorama de lo que ocurría entonces en Colombia quedó reflejado en un informe del Departamento de Estado, que explicó los motivos por los cuales el gobierno de Samper fue descertificado en 1996 por no desarrollar una adecuada política antidrogas: "El presidente Ernesto Samper evitó ser destituido mediante el voto de la Cámara de Representantes que consideró que no existía evidencia para juzgarlo con respecto a las acusaciones de haber recibido aportes del narcotráfico para su campaña presidencial de 1994. La subsecuente crisis disminuyó la autoridad moral del presidente para gobernar, pese a lo cual el mandatario aseveró que completaría su período hasta agosto de 1998. Los narcotraficantes controlaron un vasto número de empresas y la corrupción relacionada con el tráfico de drogas ejerció una enorme influencia dentro de la vida social y política del país".

Este diagnóstico fue objeto de amplia evaluación en la Casa Blanca y en los Departamentos de Estado y de Justicia, que optaron por desarrollar estrategias de corto, mediano y largo plazo para controlar a los narcotraficantes encarcelados, enfrentar a sus sucesores y combatir de frente el lucrativo negocio.

Así, en octubre de 1995, el entonces presidente Bill Clinton estableció severas sanciones contra las empresas y personas que hicieran negocios con narcotraficantes colombianos. La norma, que en adelante se hizo famosa con el nombre de Lista Clinton, fue aplicada de inmediato contra decenas de compañías y ciudadanos, sobre los que recaía la sospecha de estar relacionados, de una u otra manera, con los barones de la droga.

El siguiente paso consistió en aprovechar la debilidad política de Samper. Al respecto, Estados Unidos optó por no intervenir directamente en la crisis desatada por la financiación con dineros del Cartel de Cali de la campaña que lo llevó al poder, pero en cambio ejerció una dura presión con la que logró que el Gobierno se decidiera a presentar proyectos de ley para revivir la extradición y extinguir de manera definitiva los bienes de los narcos.

Los planes de Washington también incluyeron a los nuevos carteles que emergieron tras la caída de los capos de Cali, sobre quienes el Departamento de Justicia decidió aplicar la vieja estrategia de la zanahoria y el garrote.

La negociación de las penas y el reconocimiento de la responsabilidad son una constante histórica en el sistema de justicia de Estados Unidos, que a lo largo de los años ha construido un mecanismo legal fuerte y sofisticado para enfrentar los males que puedan poner en peligro a la sociedad estadounidense.

El sistema acusatorio, que es resultado del pragmatismo anglosajón, tiene incorporada la opción de negociar con el acusado la sanción a imponer, pero partiendo del reconocimiento completo de la responsabilidad. La Fiscalía —que es el mismo Gobierno— acusa al delincuente y busca el resarcimiento por el perjuicio ocasionado.

Negociar con el inculpado es la esencia misma del sistema acusatorio, que está construido, entre otras cosas, sobre la base de sanciones muy elevadas y drásticas penas privativas de la libertad, como la cadena perpetua. En otras palabras, cuando las penas son altas, la base para negociar con el delincuente siempre favorecerá al Estado.

El pragmatismo anglosajón también plantea que es mejor buscar un arreglo que asumir los costos de un juicio largo y complejo en el que siempre opera un jurado de conciencia. Al sistema de justicia estadounidense le es indiferente que la sanción sea el producto de una negociación o de un juicio público. Para el delito de narcotráfico este componente resulta fundamental porque la negociación y la consiguiente desaparición del proceso penal siempre tendrá como objeto la entrega de bienes o fuertes sumas de dinero a cambio de la rebaja de la pena.

Sobre estas premisas, el Departamento de Justicia decidió hacer una audaz apuesta para combatir a los mafiosos colombianos por una vía distinta de la represión. Y lo hizo a través del Programa de Resocialización de Narcotraficantes, una ambiciosa estrategia encaminada a convencer a los traficantes de dejar el negocio a cambio de obtener un tratamiento jurídico benévolo y conservar parte de sus fortunas.

Tal como queda reflejado en este libro, el aparato judicial estadounidense dedicó todas sus energías a lograr el objetivo trazado desde Washington por la entonces fiscal Janet Reno y su mano derecha, Mary Leen Warren, quien hoy todavía permanece al frente de esa estrategia, que ha sacado del camino a no menos de 300 narcotraficantes.

Desde 1996 los pactos en la sombra con el narcotráfico han continuado, pero sin informarles de manera oficial a las autoridades colombianas. Se trata de un esquema secreto del que muy pocos conocen sus detalles y su resultado final, pero que ha contribuido en forma decisiva a que Estados Unidos conozca hoy la dinámica y funcionamiento de un negocio que, pese a todo, está lejos de acabarse.

El elegido

Esa mañana del sábado 29 de abril de 2006 el cielo de Manhattan estaba despejado. El sol era radiante pero el penetrante frío de finales de invierno calaba los huesos. La ciudad apenas despertaba y la poca gente que había en las calles corría presurosa en busca de una estación del metro para llegar pronto a su trabajo.

En la esquina de la Sexta Avenida con Central Park un hombre grueso, de pelo canoso, vestido con saco de paño, camisa negra y pantalón gris, agitaba sus manos en señal de que nos dirigiéramos hacia el lugar donde él nos esperaba.

Fue un saludo protocolario. De pocas palabras, para de inmediato reiniciar la marcha. A dos cuadras de allí, en pleno centro financiero de la Gran Manzana, ingresamos a un rascacielos situado al frente del famoso Carnegie Hall. Tomamos uno de los ascensores y muy pronto estábamos sentados en una cómoda y espaciosa oficina del piso 14, repleta de equipos de fotografía, computadores y pruebas de fotos de las más bellas y famosas modelos del mundo.

Nuestro anfitrión era Baruch Vega. El misterioso personaje cuyo nombre salió a la luz pública a finales de marzo de 2000, dos semanas después de que la revista *Cambio* reveló en un extenso artículo que el narcotraficante Guillermo Ortiz Gaitán[1] había escapado del país en octubre de 1997 para refugiarse en Miami, donde logró resolver su situación con las autoridades judiciales estadounidenses. El semanario ofreció todo tipo de detalles del arreglo secreto con la DEA, la Fiscalía y la Corte Federal de Miami, que incluyó la entrega de diez millones de dólares a manera de indemnización y el suministro de datos confiables sobre el funcionamiento de su organización. A cambio fue tratado en forma benévola y no estuvo un solo día en prisión[2].

Tras la publicación del artículo los medios de comunicación no tardaron en descubrir a Baruch Vega, un ingeniero santandereano que de inmediato fue identificado como la punta de lanza en Colombia de una audaz estrategia jurídica puesta en marcha años atrás por el Departamento de Justicia en Washington para someter

---

1 El 12 de marzo de 2000, cuando *Cambio* publicó el artículo "La jugada", Guillermo Ortiz Gaitán se comunicó con sus contactos en la DEA y el FBI en Miami, que le aconsejaron salir cuanto antes de su apartamento, en un exclusivo edificio de Key Biscayne. Ese fin de semana, Ortiz alquiló una casa en un lujoso condominio del sector de Doral.

2 Guillermo Ortiz se ufanaba de manejar a su antojo a los agentes de la DEA y el FBI con quienes había establecido una cercana amistad después de su negociación. Luego se convirtió en abanderado del esquema desarrollado por el Departamento de Justicia para resocializar a narcotraficantes colombianos. Ortiz dejaba descrestados a los abogados que lo visitaban en Miami porque entraba como Pedro por su casa a las oficinas de la DEA, en el centro de la ciudad. Además, hacía ostentación de los bienes que los estadounidenses le permitieron conservar. Ortiz murió el 12 de febrero de 2003 luego de afrontar quebrantos de salud.

a los grandes capos del narcotráfico por una vía distinta de la represión.

No obstante, los periodistas no lograron localizar a Vega y muy pronto las autoridades estadounidenses se encargaron de neutralizar los alcances de la revelación. De un lado, y en respuesta al artículo de *Cambio*, el director interino de la DEA, Donnie Mashall, le dijo pocos días después a la revista *Semana* que Estados Unidos no hacía ningún tipo de arreglo con narcotraficantes. El desmentido oficial de las negociaciones se sumó a la filtración de datos según los cuales Vega, dos agentes de la DEA y uno del FBI afrontaban graves problemas judiciales por incurrir en actos de corrupción.

En efecto, Vega estaba acusado de sacar provecho indebido de su calidad de intermediario de decenas de narcotraficantes colombianos que buscaban contacto con las autoridades estadounidenses con el fin de arreglar sus problemas jurídicos. Además, tenía serios problemas con el fisco estadounidense porque no reportó 1.500.000 dólares que ganó entre 1998 y 1999.

Los enredos judiciales de Vega en Estados Unidos habían empezado tres meses atrás, el 7 de diciembre de 1999, cuando Edward Kacerosky, agente especial del Servicio de Aduanas de Estados Unidos[3], le envió un extenso documento a Theresa van Vliet, senior Litigation Counsel del

---

3 El agente especial Kacerosky se hizo célebre por encabezar el equipo de investigadores que por más de 15 años persiguió a los hermanos Miguel y Gilberto Rodríguez hasta lograr su condena en septiembre de 2006. Kacerosky adquirió gran notoriedad porque conoció como ninguno la forma de actuar de los narcotraficantes colombianos, al tiempo que encontró un esquema eficiente —que combinaba pruebas y testimonios— para consolidar los procesos que por lo general terminaban con la condena de los incriminados.

Departamento de Justicia, en el que, entre otras muchas irregularidades, denunció que Vega usurpaba el nombre de ella para facilitar el ingreso a ese país de narcotraficantes colombianos que adelantaban procesos secretos de negociación con la Fiscalía y las cortes federales.

En el escrito, el agente Kacerosky expresó su molestia por la manera inusualmente fácil como Vega pasaba los controles de inmigración de los aeropuertos de Miami y Fort Lauderdale, acompañado por hombres y mujeres que aparecían en los registros del FBI, la DEA y el Servicio de Aduanas como narcotraficantes.

La acusación del agente fue mucho más allá de la utilización por parte de Vega del nombre de un funcionario de la altura de Theresa van Vliet en los módulos de Inmigración. También indicaba que Vega se había aprovechado de la investidura de la fiscal para apropiarse de grandes sumas de dinero de los narcotraficantes que había llevado a Estados Unidos, a cambio de solucionarles su situación legal en el menor tiempo posible.

Las consecuencias del informe de Kacerosky —avalado poco después por otro documento del entonces director de la DEA en Colombia, Leo Arreguín— no se hicieron esperar: el 22 de marzo de 2000 —una semana después de la revelación de *Cambio*—, Baruch Vega fue detenido en Miami y recluido en la sección de alta seguridad de la cárcel federal en el centro de la ciudad.

Todo había empezado esa mañana cuando Vega, en compañía de varias modelos y de sus asistentes de producción, aterrizó en el aeropuerto de Miami en un vuelo procedente de Ciudad de México, donde había permanecido por una semana ejerciendo su otra profesión: la de fotógrafo profesional. Vega había sido contratado por las revistas *Elle* y *Marie Claire* para la producción fotográfica de un especial de moda que saldría publicado en la siguiente edición de las dos afamadas publicaciones.

Mientras sus acompañantes hacían los trámites de inmigración, varios agentes de Aduanas le retuvieron el pasaporte y le hicieron numerosas preguntas. Luego lo recluyeron en una pequeña sala de espera donde permaneció durante una hora, al cabo de la cual un supervisor le entregó el pasaporte y le explicó que todo estaba en regla y que el procedimiento empleado con él era simple rutina.

Aún así, Vega percibió que algo andaba mal. Cuando salió del terminal aéreo intentó comunicarse con los agentes de la DEA Larry Castillo y David Tinsley, con quienes trabajaba hombro a hombro desde hacía cuatro años en la tarea de convencer a los poderosos capos colombianos de negociar directamente con las autoridades estadounidenses. Pero no obtuvo respuesta. Los teléfonos móviles estaban apagados. Igual ocurrió con los celulares de los abogados Daniel Forman y Joaquín Pérez, quienes habían establecido bufetes especializados con ramificaciones en diversas ciudades de Estados Unidos para prestarles asesoría a los capos una vez comenzaba el proceso de negociación.

Inquieto, Vega llegó al mediodía a su apartamento, un *penthouse* de un exclusivo edificio de la Avenida Collins, en Miami Beach. Luego hizo varias llamadas telefónicas, entre ellas una para reservar mesa en uno de los restaurantes de la zona porque quería pasar la tarde con las modelos que habían viajado con él desde México.

Pero cuando se disponía a abrir la puerta para salir hacia el restaurante, alguien tocó con insistencia.

—Señor Vega, somos agentes del FBI. Le pedimos el favor de que abra la puerta —dijo un hombre en tono fuerte.

Vega obedeció de inmediato. Se trataba de cuatro agentes secretos que no saludaron y se limitaron a decir que una orden judicial los autorizaba a registrar el espacioso apartamento de 400 metros cuadrados. Al cabo de dos horas de minuciosa inspección, decomisaron los equipos de fotografía y dos computadores portátiles de Vega. Luego, uno de los agentes le dijo en tono grave y distante:

—Señor Vega, usted está detenido. Por favor, acompáñenos —sentenció el detective y acto seguido leyó en voz alta un papelito donde estaban consignados los derechos de las personas recién privadas de la libertad.

En cuestión de horas Vega pasó de héroe a villano. Esa misma tarde del 22 de marzo de 2000 fue llevado a la cárcel de Miami y en la noche le notificaron que sus cuentas bancarias, un avión y dos apartamentos habían sido intervenidos por el fiscal que lo procesaba por lavado de dinero, corrupción y obstrucción a la justicia.

Pocos días después se enteró de que la oficina central de la DEA en Washington también había suspendido en forma indefinida a los agentes Castillo y Tinsley, al tiempo que el FBI hizo lo propio con su investigador estrella, Vincent Pancoke. En la práctica, se trató de cortarles las alas a los cuatro hombres que estaban al frente de las negociaciones secretas con los narcos colombianos.

Durante los siguientes 52 días, Vega fue interrogado por el FBI, la DEA, el Servicio de Aduanas, la Fiscalía y funcionarios del Departamento de Justicia enviados desde la capital estadounidense. No se requería ser un experto en derecho penal para saber que la situación jurídica de Vega y los otros tres agentes era muy delicada.

Sin embargo, los nubarrones empezaron a despejarse semanas después, cuando de repente Vega fue notificado en la cárcel de que la Fiscalía del sur de la Florida le había otorgado la libertad condicional, previo el pago de 100.000 dólares de fianza. El detenido pagó 10.000 dólares para que le permitieran salir y se comprometió a pagar el resto en pocos días. Antes de abandonar la prisión los guardias le pusieron un grillete electrónico en el tobillo izquierdo para seguir de cerca sus movimientos. Finalmente, el 15 de mayo de 2000, Vega regresó a su apartamento y lo encontró saqueado.

En los siguientes dos años de investigación, a Vega le retiraron los cargos por corrupción y lavado de activos. Y en febrero de 2006, una corte en Nueva York lo absolvió del cargo de evasión de impuestos. La situación jurídica de los agentes Castillo y Tinsley también se resolvió en forma favorable y desde comienzos de 2003 fueron reincorporados a la oficina de la DEA en Miami.

—Me declararon inocente. Pero perdí la plata, el avión y los apartamentos —recordó Vega el día del encuentro con nosotros en Manhattan.

Mientras avanza la cita de fin de semana en la espaciosa oficina, Baruch Vega abre varios archivos de su moderno computador y de inmediato sale a flote su agitada y apasionante vida, que parece sacada de esos libros de ciencia ficción en los que el escritor deja volar su imaginación y su personaje no tiene límites en sus hazañas.

Estamos ante un hombre que mide cada palabra, que le ha dado la vuelta al mundo en más de una oportunidad, que a la par de su carrera de ingeniero en telecomunicaciones trabajó como agente encubierto de la CIA, que se convirtió en uno de los fotógrafos más apetecido por las agencias de publicidad, que ha trabajado con las modelos más reconocidas a nivel mundial, que ha llegado a cobrar 170.000 dólares por un día de trabajo, que se ha casado en tres oportunidades, dos de ellas con estrellas famosas del cine estadounidense, protagonistas de series muy reputadas a nivel mundial, que es padre de cuatro hijos, uno de ellos estrella de cine en Hollywood... De todo esto habla sin problema, pero cuando se refiere a los nombres y programas en los que han actuado sus ex esposas y su hija pide absoluta reserva porque prefiere no involucrarlas en las historias que han rodeado su vida, muchas de las cuales han bordeado el filo de la ilegalidad.

Desde el día que salió de la cárcel, Vega se dedicó de lleno a la fotografía, mientras amainaba la tormenta desatada por las negociaciones con narcotraficantes. Por ello, encontrarlo disponible para una larga conversación era casi imposible. Si no estaba en una isla del Caribe de seguro tenía boletos para dirigirse al otro lado del mundo, a Shangai, por ejemplo. Sin embargo, su trabajo como intermediario en las negociaciones con los narcos no ha finalizado del todo.

—Ese capítulo de mi vida sigue sin cerrarse. Cada vez que una agencia estadounidense requiere mis servicios siempre estoy disponible. Ya no con el ímpetu y la intensidad de años anteriores, pero sí dispuesto a colaborar cuando me llaman —dice con cierta melancolía al tiempo que sigue abriendo archivos en los que aparecen las bellas modelos que pasan por su lente.

Su vida como colaborador de las agencias de seguridad estadounidenses se inició cuando era estudiante de ingeniería en la Universidad Industrial de Santander (UIS), en pleno auge de la Guerra Fría entre Estados Unidos y la Unión Soviética. Uno de sus profesores de inglés, un gringo medio loco que no era maestro sino agente encubierto de la Agencia Central de Inteligencia (CIA), se fijó en él por su locuacidad y capacidad de hacer amigos, y le propuso que trabajaran juntos en el seguimiento de agitadores comunistas que tenían contactos en la frontera con Venezuela. Vega aceptó sin dilaciones y empezó a prepararse en la Universidad Central de Caracas, donde siguió de cerca a algunos importantes líderes estudiantiles izquierdistas de aquella época. Su trabajo en la capital venezolana duró casi un año, pero muy pronto se aburrió y decidió regresar a Colombia.

Semanas más tarde, Vega consiguió un lucrativo empleo con la multinacional Internacional Telephone & Telegraph (ITT), que lo trasladó a la estación repetidora de Chocontá, en Cundinamarca. Meses después, en 1969, la compañía lo transfirió a Miami y desde allí empezó a viajar con mucha frecuencia a varios países de Centro y Suramérica.

Bajo su fachada de ingeniero de la ITT, Vega recuerda que lo enviaron a Chile por varios meses, donde produjo documentos clasificados para la CIA en la etapa final del gobierno de Salvador Allende, quien fue derrocado en 1973 por una junta militar encabezada por el general Augusto Pinochet; también viajó a Argentina bajo la dictadura militar para hacer el mismo trabajo y a varios países centroamericanos acechados por las guerrillas comunistas influidas por la Cuba de Fidel Castro. Incluso, fue enviado por un corto tiempo a Angola, adonde el régimen cubano alguna vez envió ayuda militar para alimentar la guerra contra la Unión Soviética[4].

Su doble trabajo como ingeniero y espía de la CIA los combinaba con su gran pasión, la fotografía, que con el tiempo se convertiría en su mejor fachada. Con el dinero que ganó durante ese tiempo logró montar en Nueva York

---

4 Durante los días de charla en Nueva York y en decenas de conversaciones telefónicas posteriores, Baruch Vega puso un velo de misterio sobre esta parte de su vida que nos llamó la atención. Tampoco obtuvimos datos en archivos y en entrevistas que sostuvimos con personas cercanas a Vega.

una agencia de modelaje que poco a poco empezó a crecer. A mediados de los años setenta dejó la ingeniería para dedicarse de lleno a su trabajo como fotógrafo de modas. En 1976 fue contactado por una multinacional, que le compró la agencia por 2,5 millones de dólares y luego la convirtió en la famosa agencia de modelos Wilhemina.

El comienzo de la relación de Baruch Vega con los narcotraficantes es un hueco negro en su agitada vida. Según él, ocurrió cuando apenas iniciaba su negocio de modelaje en Nueva York y conoció a un colombiano que daba la impresión de estar metido en el negocio de las drogas y estaba casado con una norteamericana muy joven. Pero de un momento a otro fue detenido y la mujer lo buscó para pedirle ayuda.

Vega recordó que tenía un antiguo amigo que trabajaba en la CIA y se animó a contarle el problema. Pocas horas después su contacto llamó y le dijo que el asunto no era tan grave y que el colombiano saldría a los pocos días. En efecto, el detenido recobró la libertad 48 horas después. El chisme se regó como pólvora en la creciente colonia colombiana de aquella época y por supuesto entre los traficantes de droga. Lo que no era más que una coincidencia se convirtió en fama, pues a nadie le quedó duda de que Vega parecía tener influencia entre las autoridades judiciales de Estados Unidos. Recibió 20.000 dólares en efectivo por la gestión.

Según Vega, a raíz de ese episodio varios narcotraficantes lo contactaron para que los ayudara a liberar a algunos socios que habían caído en redadas de las autoridades norteamericanas. Pero esa ayuda extra de sus antiguos amigos en las agencias de inteligencia estadounidenses no era ni iba a ser gratuita. En una reunión en Miami sus enlaces en la CIA le preguntaron que si estaría dispuesto a indagar en Colombia por la posibilidad de que los jefes del narcotráfico estaban dispuestos a buscar una solución directa a sus problemas con la justicia de Estados Unidos.

Vega no tuvo casi tiempo para pensar en la propuesta porque muy pronto recibió la inesperada invitación de un joven que gracias a su ayuda había resuelto un problema menor con las autoridades por distribuir droga al menudeo en las calles de Queens. Por cuenta de ese acercamiento Vega terminó viajando a Colombia para hablar con Gonzalo Rodríguez Gacha, *El Mexicano*, el poderoso jefe del Cartel de Medellín que lo citó a la hacienda Chihuahua en el municipio de Pacho, Cundinamarca[5], para hablarle de la liberación de dos de sus hombres capturados en Estados Unidos. Ese sería el comienzo de una larga y complicada relación con los barones de la droga que a la postre le produciría contactos insospechados con los principales protagonistas del conflicto armado del país.

Mientras todo esto ocurría, a Vega también le quedó tiempo para el amor. Por aquel entonces estaba enamorado de una jovencita multimillonaria, heredera de uno de los hoteles más famosos de la época en el sur de Miami: el Mutiny, en Coconut Grove.

El espacioso hotel había sido diseñado para albergar a estrellas de Hollywood y a millonarios de todo el planeta que veían a Miami y a la Florida como un sitio ideal para disfrutar los placeres de la vida. El ambiente era propicio porque la llamada Ciudad del Sol apenas empezaba a crecer.

Con todo, Miami y el sur de la Florida no eran un descubrimiento nuevo. Desde finales de los años cincuenta y

---

5 Pacho, Cundinamarca, al norte de Bogotá, se convirtió en centro de operaciones de Gonzalo Rodríguez Gacha. En su época más floreciente, a mediados de los años ochenta, El Mexicano era propietario, entre otras, de cinco enormes haciendas y una flota de aviones y helicópteros.

comienzos de los sesenta, la mafia italiana había invertido su dinero en la industria hotelera para diversificar sus actividades provenientes del contrabando, las apuestas, la trata de personas y el naciente tráfico de drogas. Muchos mafiosos tuvieron casas de recreo en este estado y el propio Al Capone fue a morir de sífilis y prácticamente loco a su quinta de Miami Beach, después de haber pagado cárcel por evasión de impuestos en la prisión de Alcatraz.

Burton Goldberg, el antiguo dueño del Mutiny, se ufanaba de tener una clientela muy variada. Por allí pasaban senadores, presidentes, militares, millonarios procedentes de las Banana Republics, agentes secretos, actrices famosas y, por supuesto, los narcotraficantes y sus pistoleros. A los asiduos visitantes del cotizado hotel no les parecía raro encontrarse en uno de sus pasillos con la cantante Cher o con Jacqueline Onassis.

La historia del Mutiny Hotel se resume en dos fechas: 1968, cuando inició operaciones, y 1989, cuando cerró sus puertas después de varios años de decadencia causada principalmente por la guerra contra el tráfico de drogas, que espantó a los mafiosos, sus principales clientes.

Durante los primeros años, el hotel fue un negocio muy rentable. Era el lugar predilecto de los narcos que empezaban a amasar sus fortunas con el contrabando de marihuana pero luego descubrieron la cocaína, un estupefaciente que disparó sus ingresos y su poder. Y como en aquella época las autoridades estadounidenses estaban en pañales frente al empuje de los primeros capos, tardaron bastante tiempo en descubrir que Miami y sus costas del sur eran el puerto más expedito para el ingreso sin problemas de la droga que provenía de Centroamérica, Cuba, Puerto Rico y las Bahamas.

El arribo exitoso de los cargamentos a suelo estadounidense era uno de los pasos del negocio, pero no el último, en una larga cadena. Los narcotraficantes necesitaban intermediarios que pusieran a circular la droga en las calles de las principales ciudades de Estados Unidos y para ello era indispensable un ambiente en el que pudieran negociar en medio de mucho licor y bellas mujeres; un lugar con los lujos y comodidades que ahora requerían los nuevos ricos, que no escatimaban un dólar para exhibir su estatus. Ese espacio lo brindaba, con lujo de detalles, el Mutiny Hotel.

Baruch Vega y los agentes encubiertos estadounidenses encontraron en el Mutiny un aliado invaluable para hallar los contactos que necesitaban para familiarizarse con los duros del negocio en Colombia.

Sin proponérselo, el romance de Vega contribuyó a la causa porque no tardó en casarse con la joven millonaria de la que estaba enamorado. El joven profesional de telecomunicaciones, el empresario del modelaje, el fotógrafo profesional y el agente encubierto de las autoridades antidroga de Estados Unidos se había convertido en esposo de una de las mujeres más ricas de la Florida, dueña de uno de los primeros lugares adonde llegaban los pioneros del narcotráfico.

—Como no tenía restricción alguna, se me abrieron las puertas de los contactos y empecé a conocer las entrañas de la mafia —recuerda Vega—. Por aquella época los mafiosos hacían fiesta cada vez que coronaban un cargamento. Y como estaban ávidos de poder, inventé la fiesta de la champaña. Cuando un narcotraficante lograba la hazaña de meter un viaje, el hotel lo bautizaba en la enorme bañera romana de su suite. El hombre tenía que comprar 670 botellas de champaña Dom Perignon, cada una a 200 dólares, para llenar la tina. Después, por turnos, entraban a bañarse sus invitados.

La DEA, la Policía de Miami, el FBI e incluso la CIA tenían agentes e informantes apostados en el hotel, donde era evidente que los cubanos les hacían favores a los mafiosos, que intentaban a toda costa mantener un bajo perfil ante las autoridades.

Sólo unos pocos narcotraficantes colombianos asistieron a las fiestas y orgías en el Mutiny, invitados por sus intermediarios cubanos. Pero no fueron muchos los que se dejaron ver en el hotel, con excepción de Carlos Lehder Rivas[6], un asiduo visitante del Mutiny que se hizo famoso porque compró una isla en las Bahamas y la convirtió en trampolín de los aviones cargados con droga que buscaban ingresar a territorio estadounidense.

Los narcotraficantes siempre se sintieron seguros en el hotel, a pesar de que sabían que sobre ellos había una estrecha vigilancia. No obstante, estaban relativamente tranquilos porque las autoridades aún no afilaban sus herramientas para enfrentar un enemigo que en poco tiempo se convertiría en un verdadero peligro para el planeta.

El Mutiny también era el sitio de encuentro de los más importantes abogados de Estados Unidos. Tanto que en algún momento los más prominentes criminalistas del país montaron sus bufetes en la Florida. Muchos de ellos se hospedaban en el Mutiny para hablar con sus clientes. Pero a medida que se endurecieron las leyes contra el tráfico de drogas y, sobre todo, contra el lavado de dinero ilícito, los abogados emigraron y sus adinerados clientes también.

---

6 En febrero de 1987, el entonces presidente Virgilio Barco autorizó la extradición de Carlos Lehder, quien había sido capturado por la Policía en el municipio de El Retiro, Antioquia. Lehder fue uno de los primeros capos que incursionaron en política al crear el denominado Movimiento Latino, con el que pretendió abrir un debate nacional contra la extradición. Su centro de operaciones fue el departamento del Quindío.

Por esta razón el Mutiny empezó a decaer con el paso del tiempo. La fama que había ganado con su rutilante estilo de vida decreció en forma acelerada por la violencia que espantó a sus más asiduos visitantes, muchos de los cuales fueron asesinados en los barrios latinos o hallados flotando en los pantanos de los Everglades.

La decadencia del Mutiny coincidió con la cada vez mejor relación personal entre Vega y El Mexicano, que en los primeros años de la década de los ochenta era conocido en el bajo mundo de las drogas como un capo en ascenso del que las autoridades no tenían casi información porque, entre otras cosas, era celoso en mantener su bajo perfil.

No obstante, las agencias antidroga estadounidenses ya habían avanzado en desentrañar los alcances de la organización de Rodríguez Gacha y por ello se adelantaron a explorar la posibilidad de plantearle una negociación que cubriera a los otros capos del narcotráfico colombiano y convencerlos de entregar la mayor parte de los bienes obtenidos ilícitamente, las rutas más importantes y los nombres de los otros miembros de la organización. A cambio, esa colaboración con la justicia de Estados Unidos les permitiría obtener penas muy bajas y, en algunos casos especiales, la libertad sin condiciones.

Aunque la tarea que le encomendaron no era fácil, Vega consideró entonces que no era imposible porque los nacientes carteles de Medellín y Cali aún no habían traspasado las fronteras del negocio. El Mexicano, Pablo Escobar y los hermanos Rodríguez Orejuela[7], entre otros

---

7 Al comienzo, estos narcotraficantes eran buenos amigos. Tanto que Gilberto Rodríguez —capo del Cartel de Cali— fue capturado en España con Jorge Luis Ochoa —socio de Pablo Escobar en el Cartel de Medellín—. Sin embargo, la guerra

muchos, estaban dedicados a llenar de cocaína las calles de Nueva York, Los Ángeles y el sur de la Florida. Ese era el negocio que les interesaba. No pensaban en política ni en ejércitos privados para declararle la guerra al Estado y mucho menos para pelear entre ellos.

Como dejar libres a narcos menores en Nueva York había abierto el acceso a los jefes de la mafia en Colombia, las autoridades antinarcóticos estadounidenses descubrieron que esta podría ser una buena herramienta para convertir en informantes a esas personas liberadas con el fin de penetrar los carteles y destruirlos más fácilmente.

Por esta razón los viajes de Vega desde Nueva York a Colombia se intensificaron en la medida que crecía la confianza de Rodríguez Gacha. Hasta que finalmente, a mediados de 1985, y por cuenta de El Mexicano, logró conocer a Pablo Escobar y a los demás miembros del Cartel de Medellín, entre ellos a los hermanos Ochoa[8]. Entonces,

---

empezó cuando Pablo Escobar le pidió a Gilberto Rodríguez que le entregara a un empleado de Hélmer Pacho Herrera. Rodríguez se negó a hacerlo.

8 En los viajes a la capital de Antioquia, Vega llegó a la hacienda La Loma, donde conoció a Fabio Ochoa Restrepo y a su hijo mayor, Juan David Ochoa. Los caballos de paso le gustaron y compró algunos. A Fabio Ochoa lo conoció en el anticuario de Arturo Piza. En uno de sus viajes a Medellín, Vega llegó acompañado por un viejo amigo suyo, Iván Traverso, un piloto puertorriqueño que trabajaba para la extinta línea aérea Pan American Airlines y era muy aficionado a los caballos de paso fino. Más tarde les compró a los Ochoa uno de los caballos más reputados de la época: Capuchino, hijo de Resorte IV, considerado el caballo de paso fino más valioso de esa época. Los viajes de Traverso se hicieron cada vez más frecuentes a Medellín y al poco tiempo renunció a su puesto y se fue a trabajar con el Cartel de Medellín. Años después fue detenido en una operación antidroga.

Vega amplió su radio de acción y sus viajes ya no se limitaban a Bogotá o a las fincas de El Mexicano. Ahora lo hacía con mucha frecuencia a Medellín.

—Recuerdo que hace muchos años Baruch Vega estuvo en la finca de La Loma, con mi padre y mi hermano Juan David, comprando algunos caballos de paso. Eso fue hace mucho tiempo —nos dice Jorge Luis Ochoa, quien ahora prefiere no hablar mucho de Vega porque siempre le pareció un hombre poco confiable.

El Mexicano y Escobar encontraron en Vega un aliado muy útil que en corto tiempo les ayudó a liberar una docena de enlaces de la organización, la mayoría expendedores de droga, capturados por las autoridades en varias ciudades de Estados Unidos. Aunque Vega logró conocer de cerca a los capos y las intimidades del lucrativo negocio, no tardó en reconocer el fracaso de la idea de penetrar con agentes encubiertos el Cartel de Medellín para destruirlo; tampoco encontró viable la estrategia de convencer a los jefes de la organización de llegar a un acuerdo con las autoridades americanas.

Mucho menos éxito alcanzó la propuesta que les hizo a algunos aliados de Escobar de tener una vida nueva en Estados Unidos a cambio de entregar valiosa información sobre los movimientos y negocios del capo. Todos se negaron con el argumento de que no habría rincón de la tierra donde el sanguinario jefe del Cartel no los encontrara.

Y como lo que está mal siempre es susceptible de empeorar, la relación de Vega con Rodríguez Gacha se dañó de repente por un encargo no cumplido. Aunque no es fácil hallar datos confiables sobre lo que ocurrió y Vega se niega a hablar del asunto, averiguamos que El Mexicano se molestó y hasta le llegó a poner precio a su cabeza porque al parecer éste se quedó con dinero que el capo le había dado para lograr la salida de la cárcel de un sobrino suyo que estaba preso en Nueva York.

Por aquellos días, Vega se encontraba en la capital de Antioquia cuando un contacto suyo en el Cartel de Medellín le contó que un sicario lo estaba buscando para matarlo por orden de Rodríguez Gacha. Alarmado, Vega huyó del país y en mucho tiempo no volvió a aparecer.

La cruenta guerra contra el narcotráfico, que en la década de los ochenta y los noventa dejó miles de personas muertas, también dejó en el camino a los barones de los principales carteles del narcotráfico, muchos de los cuales murieron o fueron detenidos por las autoridades. El Mexicano y Escobar y sus ejércitos de sicarios fueron desmantelados[9] así como prácticamente todo el Cartel de Medellín. Muy pocos sobrevivieron, entre ellos los Ochoa, que sacaron provecho de una legislación especial que les permitió saldar sus cuentas con la justicia.

La destrucción del Cartel de las drogas de Medellín fue la antesala de la desaparición del de Cali, cuyos socios cayeron en poder de las autoridades como si se tratara de un dominó. Los hermanos Rodríguez Orejuela, Víctor Patiño, José Santacruz Londoño, Juan Carlos Ramírez Abadía, Hélmer Herrera Buitrago y Henry Loaiza, entre otros, fueron capturados o se entregaron en pocos meses, pero ninguno de ellos optó por enfrentar al Estado.

La desaparición de los grandes carteles de la droga dio paso a una nueva generación de narcotraficantes que muy rápido aprendió la lección de sus antecesores. Así nacieron carteles emergentes que regresaron a las raíces del

---

9 Gonzalo Rodríguez fue abatido por la Policía en Coveñas el 9 de diciembre de 1989 y Pablo Escobar cayó en Medellín el 3 de diciembre de 1993.

negocio, es decir, al tráfico puro con el único fin de ganar dinero. Estas organizaciones no tienen jefatura definida, no se exponen públicamente y carecen de aspiraciones políticas. Las autoridades encontraron que los sucesores de los carteles de Medellín y de Cali eran más sofisticados y que estaban en capacidad de exportar más droga por el auge del consumo en Estados Unidos y Europa.

Entonces, la inevitable represión fue acompañada de un cambio en la estrategia, que consistió en aplicar normas contenidas en los duros códigos estadounidenses para combatir al narcotráfico por vías distintas.

Así, a comienzos de 1996 tuvo origen una estrategia secreta de largo alcance bautizada con el pomposo nombre de Programa de Resocialización de Narcotraficantes y fue impulsado desde Washington por la entonces fiscal general Janet Reno, que encontró en Theresa M. B. van Vliet —su fiscal más confiable en el sur de la Florida— a una aliada incondicional para atraer a los mafiosos colombianos y ofrecerles los beneficios de vivir sin apremios judiciales y fuera del sórdido mundo de los carteles de la droga.

Luego de analizar la mejor forma de desarrollar la estrategia, las autoridades estadounidenses encontraron que había más de una docena de entidades encargadas de enfrentar el narcotráfico, el lavado de dinero y el contrabando de insumos químicos, entre otras muchas actividades, y era muy frecuente que chocaran en sus objetivos. Además, Estados Unidos tenía en Colombia la representación diplomática más grande del mundo y ello complicaba las cosas.

Este problema fue resuelto rápidamente con la creación del Blizt Committee, un grupo de trabajo de alto nivel en el que tuvieron asiento todas las agencias involucradas en la prevención, control y combate del narcotráfico. Así, el Programa de Resocialización de Narcotraficantes tomó vuelo y muy pronto el Comité Blizt empezó a aglutinar a los mejores hombres de la DEA, el Servicio de Aduanas, el FBI, la CIA y la Fiscalía General de Estados Unidos.

Como se trataba de ejecutar una política de bajo perfil en la lejana Colombia, los representantes del FBI y de la DEA en el comité no tardaron en llegar al nombre de Baruch Vega como la persona adecuada para adelantar la primera parte de la estrategia, que consistía en viajar a Colombia e identificar a los capos a quienes se les podía ofrecer el ingreso al Programa de Resocialización de Narcotraficantes.

Vega fue localizado en Houston y de inmediato debió viajar a Washington donde le explicaron los alcances del plan. Una vez aceptó, fue enviado a trabajar de cerca con el Grupo 43 de la DEA en Miami, una especie de cuerpo especial encargado de adelantar la primera parte del ambicioso proyecto. Aun cuando el equipo de Vega era el principal, el Departamento de Justicia también autorizó la creación de otros grupos paralelos para que cumplieran la misma tarea, aunque en menor escala.

Desde el primer día, al colombiano le dejaron en claro que debía reportar por escrito al Blizt cada reunión o contacto que sostuviera con narcotraficantes. Y mucho más si se trataba de personas de alto perfil delincuencial. Estos casos debían pasar por el cedazo del comité, que estaba facultado para seguir adelante o cancelar cualquier acercamiento antes de llegar a consultas a la Fiscalía General.

El contacto con los narcotraficantes colombianos fue encargado, además de Vega, a Castillo y Tinsley, los más curtidos investigadores de la DEA en la Florida, quienes formaban parte del Grupo 43. Su tarea fue reforzada por un puñado de abogados —entre ellos Joaquín Pérez y Daniel Forman— que entendieron los alcances de la estrategia

y viajaron a Colombia para convencer a los narcotraficantes de que el ofrecimiento era viable y constituía la
mejor salida a sus problemas legales en Estados Unidos.
Además, a los narcos les explicaban con claridad que no
tenían que denunciar a sus socios ni ingresar a programas
de protección con cambio de identidad.

Vega es la única persona que ha hablado públicamente de esta estrategia de Estados Unidos para combatir el
narcotráfico por otros medios. Hasta ahora ninguna autoridad estadounidense ha reconocido la existencia de este
programa que, además de secreto, nunca fue revelado a
ningún funcionario o autoridad colombiana.

Ahora, sentado con nosotros en su oficina en el corazón
de Manhattan, Vega cierra el baúl de sus recuerdos personales y nos demuestra que tiene memoria de elefante.
Y lo poco que no recuerda está meticulosamente guardado
en su computador personal. Cada fecha. Cada encuentro.
Cada negociación en la que participó, está debidamente
archivada.

Ese orden fue el que a la postre lo salvó, porque le
permitió demostrarle a la justicia estadounidense que su
participación en los acercamientos y negociaciones con
los traficantes de droga de Colombia sí era real y debidamente autorizada desde Washington por el Departamento
de Justicia.

En su computador archiva con celo la lista oficial de
los narcotraficantes que negociaron en las cortes federales.
En total 114. Algunos pagaron cárcel —no más de tres
años—- y otros muchos tan sólo necesitaron la bendición
del juez para iniciar una nueva vida.

—Hubo gente que arregló, se devolvió a Colombia y
recogió a su familia: padres, esposas, hijos, primos, hasta
empleadas domésticas. Recuerdo que uno de ellos quería
traer a su conductor particular pero aquí le dijeron que

no era necesario, que sólo lo usaban los diplomáticos y algunas de las personas más poderosas en Estados Unidos —dice Vega al agotar otro de los muchos vasos de café que tomamos durante los tres días de encuentro en Nueva York.

Luego abre otro archivo de su computador y hace una precisión:

—El número total de personas que negociaron era mayor porque recuerden que había otros grupos de la DEA que hacían el mismo trabajo. Pero cada uno conocía sus límites y cada trabajo de grupo era independiente. En cifras redondas, por lo que conocí, se puede hablar de 300 narcos que hicieron algún tipo de arreglo. Y todavía faltan muchos más porque el programa continúa. Es que ellos saben que al final estarán muertos o en una cárcel porque una vez han ingresado al negocio es imposible salir de ahí.

La primera negociación que lograron Vega y el Grupo 43 de la DEA fue con un reconocido lavador de dólares colombiano que vivía en Houston[10]. Desde ese momento los pactos secretos pasaron de esporádicos a frecuentes. Pero el momento culminante del Programa de Resocialización de Narcotraficantes se produjo a finales de 1999, después de que la Policía colombiana y la DEA desarrollaron la Operación Milenio, en la que fueron capturadas 31 personas señaladas de enviar enormes cantidades de cocaína a Estados Unidos.

Milenio fue un campanazo de alerta para el narcotráfico porque en esa redada cayó Fabio Ochoa Vásquez, el menor de los hermanos del llamado Clan Ochoa, quien se había sometido a la justicia en tiempos del gobierno

---

10 Ver historia completa en el capítulo Las negociaciones.

de César Gaviria y recobró su libertad al cabo de varios años de cárcel[11].

Como consecuencia de Milenio, entre octubre y diciembre de ese año cerca de un centenar de narcotraficantes entraron en contacto con Vega y la DEA para arreglar directamente con las cortes federales que los requerían.

—Recuerdo que un día de noviembre estábamos con los agentes de la DEA y varios abogados en el hotel Marriot de Panamá, con un grupo de narcos que quería negociar cuanto antes —explica Vega, quien no oculta su ansiedad por contar esta historia—. Cuando nos dimos cuenta eran más de 30 personas. Nos tocó alquilar varios salones para poder atenderlos. Mientras los abogados les explicaban los alcances legales de negociar, la DEA trabajaba en los permisos de ingreso a Estados Unidos. En fin, era un caos total. Todos querían solucionar su problema antes de fin de año.

Pero el esquema de negociación sufrió un duro traspié con la detención de Vega y la suspensión del cargo de los agentes Castillo y Tinsley en marzo de 2000. Sin embargo, después de superar sus problemas legales y de recobrar la libertad, Baruch Vega participó en otras negociaciones, pero éstas se hicieron cada vez más esporádicas.

La última de ellas, que fracasó al final, fue en mayo de 2003, cuando Vega se reunió en la isla de Aruba con el coronel (r) de la Policía Danilo González, quien estaba dispuesto a iniciar un proceso de arreglo directo pues su situación en Colombia se había hecho insostenible por sus nexos con los capos del Cartel del Norte del Valle. No obstante, el oficial fue asesinado en Bogotá poco después de que Vega recibió el visto bueno del Departamento de Justicia.

---

11 Ver capítulo Alerta temprana.

Ahora, aunque no oculta que sigue enterado del avance de las negociaciones y reconoce que de vez en cuando lo llaman a colaborar, Vega está dedicado a su otro mundo: la fotografía. Al finalizar los tres días de trabajo en Manhattan con los autores de este libro, alista su equipo de fotografía porque al día siguiente viaja a Hawai con su nuevo descubrimiento en el modelaje: una hermosa y espigada venezolana de 18 años con piernas de gacela.

Víctima de su propio invento

Un hombre pequeño, de color oscuro y unos 50 años de edad caminó directo hacia nosotros cuando estábamos a punto de alcanzar la salida del aeropuerto Los Garzones, en Montería, Córdoba. Acabábamos de bajar del avión de Avianca que esa calurosa y húmeda mañana de comienzos de febrero de 2004 nos había conducido desde Bogotá para cumplir una cita clandestina con el jefe paramilitar Carlos Castaño Gil.

Al inesperado anfitrión no le resultó difícil identificarnos porque cada uno llevaba debajo del brazo, en forma más que visible, un ejemplar de la revista *Cambio* a manera de santo y seña, que nos delataba como invitados de Castaño.

—Buenos días, síganme —dijo el desconocido, distante. En el pecho, colgado de un largo cordón blanco, llevaba un carné azul y blanco que lo distinguía como funcionario de la Aeronáutica Civil de Colombia. Sin pronunciar palabra alguna, nos llevó hasta el parqueadero del terminal aéreo, donde otro hombre, de no más de 30 años, nos esperaba en una camioneta.

Para nosotros, que en dos o tres ocasiones anteriores habíamos realizado el mismo recorrido para hablar con Castaño, el viaje desde Montería hasta el municipio de Tierralta resultó monótono. Pero cuando el conductor que nos transportaba se adentró montaña arriba, hacia el Nudo de Paramillo, notamos que algo no andaba bien.

En efecto, las trochas estaban desoladas y ya no se veían hombres armados vestidos con uniforme de fatiga o francotiradores apostados en las partes altas de los cerros. Nuestro guía parecía confundido porque en varias ocasiones se detuvo frente a la entrada de fincas que también estaban vacías porque se vio forzado a bajar del automotor para abrir los broches de acceso. Aunque era obvio que Castaño no estaba en ninguna de ellas, nos llamó la atención que el conductor no utilizó la radio que llevaba al cinto para comunicarse y localizar a su comandante.

La travesía terminó pasadas las 11 de la mañana, casi cuatro horas después de haber llegado a Montería, cuando arribamos a una pequeña parcela de la que salió una mujer entrada en años. En tono serio pero amable nos señaló un quiosco de paja y nos dijo que esperáramos ahí.

Mientras apurábamos un jugo de tomate de árbol comentamos en voz baja que era muy raro ver sólo cuatro hombres que custodiaban la finca, en contraste con el medio centenar de guardaespaldas de citas anteriores.

Pocos minutos después entró Castaño, armado con un fusil Galil que recostó en una silla de plástico y una pistola calibre 9 milímetros que dejó encima de la mesa. Vestía camisa azul claro y jean y para saciar nuestra evidente curiosidad dijo de entrada que desde hacía rato había dejado de usar el uniforme de fatiga del Ejército de Estados Unidos, que un militar colombiano le traía cuando regresaba de ese país.

Castaño se sentó y pocos minutos después comprobamos nuestra corazonada. Algo raro ocurría. Miró el reloj y nos dijo que tenía muy poco tiempo para hablar con nosotros porque quería estar con Rosa María[1], su hija de nueve meses de nacida, con quien pasaba casi todas las tardes.

Después de hablar durante un rato de temas intrascendentes y sin que hubiéramos entrado en materia, Castaño tomó la palabra para hacer un dramático, sentido y extenso relato de lo que había significado para él y para su esposa, Kenia Gómez[2], que la pequeña hubiera nacido con el síndrome de Criduchat, un término en francés que significa chillido de gato.

Según él, se trata de una rara enfermedad de la que sólo existe un caso en un millón de nacimientos. Por esa razón dedicaba cuatro o cinco horas del día a investigar en Internet cómo mitigar las consecuencias de ese mal. También contó que había hablado por teléfono y en persona con decenas de médicos especialistas en el tema, que no le daban muchas esperanzas de que la menor creciera en forma normal.

—Su comunicación con nosotros es a través de chillidos, de ahí el nombre de ese síndrome —explicó el jefe paramilitar e insistió en su afán de regresar a su casa poco después del mediodía.

---

1 Carlos Castaño bautizó a su hija con el mismo nombre de su madre, Rosa María Gil, quien en la actualidad vive en una humilde casa del municipio de Amalfi, al norte del departamento de Antioquia.

2 Carlos Castaño y Kenia Gómez, de 18 años de edad, se casaron el 15 de mayo de 2001 en una ceremonia católica protocolaria, sin validez ante la Iglesia, porque el jefe paramilitar y su primera esposa, Claudia, no se habían separado legalmente.

—Yo creo que esta es una manera de pagar las atrocidades que he cometido —dijo resignado a manera de resumen y preguntó por los motivos de nuestra visita.

—Son dos los temas que nos traen por acá —respondió Lesmes—. El primero, hacer una entrevista con usted para medir cómo va el proceso de desmovilización paramilitar y hasta qué punto todas las autodefensas y sus comandantes están comprometidos en él.

—El segundo tema es un poco más complejo —prosiguió Téllez—. Queremos hacer un libro para contar en detalle cómo se están llevando a cabo las negociaciones secretas entre las autoridades de Estados Unidos y los grandes y pequeños capos del narcotráfico. De esto no habla nadie en público y unas pocas autoridades estadounidenses lo han negado sistemáticamente, pero es inocultable que numerosos pactos están en marcha y estamos seguros de que usted sabe mucho de eso.

Castaño nos miró con cierta picardía y respondió que en efecto él estaba enterado en detalle de esas negociaciones.

—Es un libro interesante pero me surge la duda de si ustedes deben escribirlo ahora. No tengo problema en ayudarles con lo que sé pero tengo la impresión de que al final pueden acusarlos de haber escrito el libro para hacerle el favor a alguien.

Estuvimos de acuerdo con la prevención del jefe paramilitar, pero insistimos en la oportunidad de escribir un texto sobre el tema.

—Mire, el primer artículo sobre ese tema lo escribí en *Cambio* en marzo de 2000, cuando descubrimos que Guillermo Ortiz Gaitán había escapado a Miami y ya estaba libre después de llegar a un buen acuerdo con la Fiscalía de la Florida y con la Corte Federal de Miami —resumió Téllez y agregó que a lo largo de esos cuatro años había recopilado mucha más información sobre ese fenómeno.

—Sabemos bastante —intervino Lesmes—. Le doy un dato: usted promovió en Cartago, Valle, una reunión el 31 de diciembre de 2001 con todos los pesos pesados del narcotráfico y con los jefes de las autodefensas para hablarles de la necesidad de buscar un acercamiento directo con Estados Unidos. ¿Sí o no?

—Sí, eso es verdad. Al comienzo todos estuvieron interesados, mucho más los narcos del norte del Valle, pero luego varios comandantes de las AUC dejaron de lado la iniciativa con el argumento de que ellos solucionaban sus problemas judiciales aquí en Colombia. Les pareció que tenían el suficiente poder para quedar limpios y no pagar un día de cárcel —respondió Castaño con desdén, y agregó que en un futuro cercano estaría dispuesto a recibirnos para hablar del libro.

Una nueva mirada al reloj nos indicó que el tiempo de Castaño corría con más prisa que el de nosotros. Por eso empezamos a hablar de asuntos de actualidad y muy pronto concretamos las preguntas de una entrevista que saldría publicada en la siguiente edición de *Cambio*.

El tono de las palabras del otrora agresivo e intolerante jefe paramilitar era distinto. Ahora no hablaba de guerra sino de paz y de la inevitable desaparición de las autodefensas como fenómeno contraguerrillero.

—Me siento más respetable, incluso más apreciado. Si hace 20 años hubiera tenido el mínimo de cultura que hoy tengo no habría enfrentado a la guerrilla por fuera de la ley. Habría empezado a buscar espacios de poder dentro del Estado para hacerlo —respondió sin titubear cuando le preguntamos si se sentía menos poderoso por hablar de negociación y de dejar las armas, contrario a su conocido discurso guerrero y violento.

—Mi principal pecado es la ignorancia. No haber aprendido cómo se combatía a la guerrilla, haber creído que al enemigo había que acabarlo como fuera. Y sobre todo, haber desconocido que desandar 20 años de violencia para volver a la normalidad es un camino complejo de recorrer. No soy responsable de todo lo que se me atribuye, pero si pudiera retroceder en el tiempo corregiría algunas cosas para evitar los excesos que se cometieron —agregó con la locuacidad de siempre, sólo que ahora estaba acompañada de palabras llenas de arrepentimiento.

Por un momento, a Castaño se le olvidó que estaba de afán para ir a acompañar a su hija Rosa María, que a esa hora, mediodía, tenía una sesión de terapia en la que él casi siempre estaba presente. Aprovechamos ese pestañeo y preguntamos por el aparato militar que él había fortalecido desde 1994, cuando asumió el comando de las Autodefensas Campesinas de Córdoba y Urabá, ACCU, como consecuencia de la muerte de su hermano Fidel[3].

—Las autodefensas crecieron sin control en el gobierno de Samper, cuando entramos 3.000 fusiles. Todo lo ilegal parecía permitido: traer armas, desplazarse libremente, traficar, conseguir plata. Todos tenían poder en su región por cuenta de la debilidad del presidente. Ni la Policía ni las Fuerzas Militares lo respetaban.

Pero ahora, casi diez años después, las AUC están a las puertas de una negociación con el gobierno de Álvaro

---

3 Según relatos de Carlos Castaño —que no han sido avalados hoy todavía por su propio hermano Vicente—, Fidel murió el 6 de enero de 1994, en un corto intercambio de disparos con guerrilleros del EPL que habían instalado un retén a la salida de San Pedro de Urabá. Un subversivo hizo un disparo de fusil que dio en el corazón del entonces comandante de las Autodefensas de Córdoba y Urabá y lo mató en forma instantánea.

Uribe por la insistencia de Castaño y un puñado de jefes paramilitares, seguros de que la desmovilización debe hacerse cuanto antes porque el movimiento fue permeado totalmente por el narcotráfico y eso, según ellos, lo llevará a la destrucción.

Castaño no desconoce las consecuencias de la vinculación de las autodefensas con el tráfico de drogas: el mando paramilitar está resquebrajado porque los poderosos jefes paramilitares quieren llegar a su manera al proceso de negociación. Los bloques Central Bolívar, Magdalena Medio, Martín Llanos, y las AUC propiamente dichas, tienen serias diferencias de criterio que se hacen más evidentes cuando abordan la manera como deberán pagar sus culpas por los excesos cometidos.

—La justicia es lo más importante, pero ocurre que cada quien interpreta de manera diferente lo que debe ser la justicia para las autodefensas. Hay que pensar en justicias alternativas, sin llegar a la impunidad. Debe haber verdad, justicia y reparación. Siendo totalmente realista, creo que la sociedad espera que nosotros aceptemos una sanción, porque si bien hemos sido útiles a grandes sectores otros han sido afectados por las autodefensas —dice al resumir su pensamiento, que va en abierta contravía de lo que creen otros comandantes.

La agenda de la charla con Castaño desembocó inevitablemente en Estados Unidos, el terrorismo y la extradición. Cuando le hablamos del tema, el jefe paramilitar cambió de semblante y se notó que no le agradaba hablar de ello. No obstante, no se negó a responder acerca de lo que sintió tiempo atrás, cuando la Casa Blanca lo incluyó en el exclusivo club de los terroristas más buscados del planeta y luego solicitó su extradición.

—La extradición me cayó como le cae a cualquiera algo que no merece, porque nunca he sido narcotraficante.

Me descompuse mentalmente tres o cuatro días. Estuve a punto de entregarme a Estados Unidos, incluso alquilé un avión, pero con el paso de los días asimilé el golpe.

Aún así, con la siguiente respuesta, Castaño dejó en claro que había estudiado el asunto y que veía una luz al final del túnel si el proceso de negociación con el Gobierno salía adelante.

—Teniendo en cuenta que existen problemas por la solicitud de extradición y por la inclusión de las autodefensas en la lista de organizaciones terroristas de la Unión Europea, lo que se puede esperar es un tiempo de reclusión en un área geográfica definida previamente, bajo observación nacional e internacional, con la orden de extradición en *stand by*, que podría quedar inactiva si el comportamiento de uno es ejemplar. Esto es lo que tendríamos que aceptar casi todos los comandantes. Así, bienvenida la justicia.

Esta respuesta dio por terminada la entrevista formal y Castaño se levantó de la mesa con la evidente intención de despedirse. Pero cuando caminábamos hacia la camioneta que esperaba para transportarnos de regreso a Montería no aguantamos la curiosidad y le preguntamos si era verdad que había pensado huir en una avioneta hacia Estados Unidos.

—Sí, ha ocurrido un par de veces. La última fue una noche, borracho, después de septiembre de 2002, cuando me pidieron en extradición. Llegué de madrugada a la casa, desperté a mi mujer y le dije que empacara unas cosas porque nos íbamos de viaje muy lejos, a un lugar sin retorno. Le dije que había tomado la decisión de entregarme a los gringos y que tenía un avión listo para salir rumbo a Panamá donde podíamos localizar a unos agentes de la DEA que nos llevarían a Miami —reveló Castaño y paró en seco para explicar su determinación.

—Pensé hacerlo en serio porque las negociaciones de paz van camino del fracaso. No veo voluntad en el seno de las AUC para asumir que tenemos un serio problema de narcotráfico en nuestras filas y una gran cantidad de muertos encima. Y con el lío de la extradición encima, peor. Aquí cada quien tiene sus propios intereses y por eso la mesa de negociación se va a reventar sin remedio —explicó el jefe paramilitar, pero agregó que se arrepintió de escapar porque al hacerlo habría condenado a una muerte segura a unos 200 hombres que lo acompañaron en forma incondicional durante los últimos años.

Regresamos a Montería sin saber que Castaño tenía los días contados. Aun cuando su declive como comandante era evidente y su poder estaba en decadencia, no imaginamos que habíamos hecho una de las últimas entrevistas con el polémico jefe paramilitar, que habría de desaparecer en confusas circunstancias el 16 de abril siguiente, escasas diez semanas después de nuestro encuentro con él.

Castaño pagó con su vida por tratar de salirse del poderoso aparato criminal que él ayudó a crear. Atrás quedó una historia llena de violencia que empezó para él en enero de 1994, a los 29 años de edad, cuando reemplazó a su hermano Fidel, *Rambo,* al frente de las ACCU[4].

---

4 En 1990, Fidel Castaño estaba al frente de un grupo de autodefensa financiado por ganaderos de Córdoba que logró sacar del departamento al Ejército Popular de Liberación, EPL, con la colaboración del Ejército. Diezmado, el grupo rebelde se desmovilizó en marzo de 1992. Entonces, Castaño entregó sus armas y les devolvió tierras a los campesinos. Pero en 1993, tras el fracaso de los diálogos de paz con las FARC en Tlaxcala, México, las guerrillas entraron al Urabá antioqueño. Las incursiones subversivas forzaron de nuevo la creación de grupos de autodefensa que en poco tiempo se

Hasta ese momento Carlos era un joven que desde los 16 años había ingresado al paramilitarismo a la sombra de su hermano, con la firme idea de vengar la cruel muerte de su padre, Jesús Antonio Castaño González, que en 1979 fue asesinado por guerrilleros del Frente 4 de las FARC que lo secuestraron en su finca de Amalfi, Antioquia[5].

La muerte de Fidel Castaño ocurrió cuatro semanas después de que las autoridades lograron eliminar a Pablo Escobar con la colaboración de los Pepes —Perseguidos por Pablo Escobar—, un grupo clandestino conformado por enemigos del jefe del Cartel de Medellín que colaboraron con las autoridades en el suministro de información para dar con el paradero del capo y sus lugartenientes. A la sombra de los Pepes, Carlos Castaño entró en contacto con los oficiales de la Policía que por aquella época operaban alrededor de una estructura especial denominada Bloque de Búsqueda, localizada en la Escuela de Policía Carlos Albán, en Medellín. Tiempo atrás, desde mediados de los ochenta, los dos hermanos Castaño tuvieron una relación cercana con Escobar. Fidel había traficado con cocaína de la mano del jefe del Cartel de Medellín y hasta le vendía costosas obras de arte que importaba de Europa. Carlos,

---

convertirían en las poderosas y sanguinarias Autodefensas Campesinas de Córdoba y Urabá, ACCU.

5 Los guerrilleros asesinaron al padre de los Castaño pese a que la familia pagó 40 millones de pesos por el rescate. Después de muerto, los subversivos ocultaron el cadáver y pidieron otros 50 millones que Fidel Castaño se negó a pagar. El cuerpo nunca fue hallado y tiempo después Fidel y Carlos Castaño ultimaron uno a uno a los subversivos que participaron en el plagio. Sólo uno sobrevivió. Carlos Castaño siempre sostuvo que la orden de ejecutar a su padre fue dada por Alfonso Cano, miembro del Secretariado de las FARC.

por su lado, no se acercó mucho al capo, pero sí fue testigo del enorme poderío económico que adquirió al colonizar los mercados estadounidenses.

Pero las cosas cambiaron en la primera semana de julio de 1992, cuando Escobar estaba recluido en la cárcel de La Catedral y ordenó asesinar en el penal a cuatro de sus principales socios en el negocio, los hermanos Mario y Fernando Galeano y Francisco y William Moncada, quienes a su vez eran buenos amigos de los Castaño. El episodio marcó el fin de la cercanía del capo con Fidel y con Carlos, quienes creyeron que tarde o temprano Escobar también daría la orden de eliminarlos. Por esta razón no dudaron en colaborar en la creación de los Pepes.

—Al principio, en el Bloque de Búsqueda conocimos a un muchacho que se hacía llamar El Fantasma. Nos pareció demasiado joven para saber algo importante sobre Escobar, pero con el paso de los días nos descrestó con la calidad de la información que entregaba. Por cuenta de él localizamos caletas de armas, sicarios, cargamentos de droga y hasta evitamos un par de atentados... pero su real utilidad consistió en ayudarnos a descubrir a algunos de los poderosos lugartenientes del capo, como El Chopo, Arete, Pasarela, entre otros. Tiempo después, cuando la guerra fue más intensa, se le permitió ingresar a la sede del Bloque de Búsqueda, donde finalmente se identificó como Carlos Castaño, pero pidió que lo llamáramos *Rogelio* —nos dijo un coronel de la Policía que aceptó hablar del asunto y que conoció de cerca la colaboración de Castaño con los Pepes y con el Bloque de Búsqueda.

Pero ahora, con su hermano mayor muerto y con el peso de las autodefensas sobre sus hombros, Carlos Castaño estaba asustado y temeroso de asumir el control de un aparato militar en crecimiento y que sólo obedecía órdenes de su hermano. Por eso, convencido de que habría una desbandada en las autodefensas, Carlos se las arregló para mantener la muerte de Fidel en secreto durante cinco meses[6].

Durante ese tiempo viajó con frecuencia a Montería, Córdoba, donde habló por largo tiempo con ganaderos y dirigentes políticos que desde mediados de la década de los ochenta habían financiado la creación de las autodefensas en esa zona del país con el fin de repeler a los grupos subversivos que asolaban la región.

—Cuando vino a hablar conmigo se le notaba el susto de asumir el mando —nos dijo un influyente político y ganadero que vive en Montería y reconoce ser uno de los primeros fundadores de grupos paramilitares en ese departamento—. Hasta ese momento él era protegido por su hermano y por muchos años había vivido en el monte. Pero en realidad él era un muchacho de ciudad, rumbero y mujeriego, al que de un día para otro le tocó dejar todo para seguir vengando la memoria de su padre y de paso administrar el aparato militar que nosotros ayudamos a montar con nuestros recursos para defendernos de la guerrilla. Por aquellos días le decíamos El Pelao, porque era muy joven frente a nosotros los viejos ganaderos, o Piquiña, porque era incapaz de quedarse quieto por un momento. Cuando vino le di algunos consejos y lo animé a asumir el reto porque era evidente que tenía el liderazgo suficiente para comandar las autodefensas.

Castaño asumió el control de 20 frentes de las ACCU en el norte del país y no tardó en ganarse el respeto de

---

6 El 31 de mayo de 1994, la revista *Semana* publicó en portada y que tituló "Habla Fidel Castaño" una entrevista exclusiva con el comandante de las autodefensas. En realidad quien contestó el cuestionario fue Carlos, que usurpó a su hermano muerto para mantener en secreto su desaparición.

las estructuras paramilitares que por instrucciones suyas siguieron asolando los campos en busca de guerrilleros o sus colaboradores. La verdadera prueba de fuego, que le permitió afianzarse al frente del movimiento, ocurrió a mediados de 1994, cuando las FARC intentaron tomarse la localidad de San Pedro de Urabá. Castaño comandó las columnas de las autodefensas que evitaron un baño de sangre porque la Fuerza Pública llegó demasiado tarde. No obstante, el novato jefe paramilitar resultó gravemente herido y ello contribuyó a obtener cierta fama entre los combatientes.

Al tiempo que mantenía a las ACCU en constante pie de guerra, Castaño empezó a dar los primeros pasos para unificar a las autodefensas de todo el país en una sola organización. Lo hizo de la mano de su buen amigo Iván Roberto Duque, *Ernesto Báez*, un reconocido ideólogo de los grupos de extrema derecha que aparecieron en el norte de Cundinamarca a comienzos de los años ochenta[7]. En efecto, luego de varios meses de intensos contactos con los poderosos jefes paramilitares que operaban en casi todos los departamentos, a comienzos de 1997 Castaño logró convocar por primera vez a los más importantes.

---

7 Iván Roberto Duque era uno de los dirigentes más importantes de las Autodefensas de Puerto Boyacá y alumno aventajado de su creador, Pablo Guarín, quien fue asesinado por las FARC. Duque fue pionero de Morena, el primer movimiento político de extrema derecha del país. La penetración del narcotráfico en las autodefensas a las que él pertenecía acabó con su carrera política y permaneció detenido por un tiempo en Bogotá. Cuando quedó libre se reencontró con Carlos Castaño y contribuyó a moldear los primeros estatutos de las AUC. Hoy permanece en La Ceja, donde están concentrados dos docenas de jefes paramilitares.

La cumbre tuvo lugar el 18 de abril en una finca de una apartada zonal rural de San Pedro de Urabá, adonde llegaron Castaño, César Marín, Santander Lozada y José Alfredo Berrío, en representación de las ACCU. También lo hicieron César Salazar y Botalón, como voceros de las autodefensas de Puerto Boyacá; Ramón Isaza y Teniente González, por el Magdalena Medio, y Humberto Castro y Ulises Mendoza, por los Llanos Orientales.

Al cabo de dos días de conversaciones, los paramilitares estuvieron de acuerdo en agrupar estos frentes antisubversivos en un movimiento de carácter nacional: las Autodefensas Unidas de Colombia, AUC. Al término del encuentro la nueva organización expidió una especie de proclama de seis puntos, cuatro de los cuales justificaban la lucha contra la guerrilla y sus implicaciones político-militares y los dos restantes puntualizaban que ningún frente se involucraría en actividades relacionadas con el narcotráfico y el que lo hiciera asumiría la responsabilidad de manera individual.

Tras la creación formal de las AUC, Castaño adquirió un protagonismo público inusitado y el movimiento creció en forma acelerada, a tal punto que en escasos meses anunció la aparición de cuatro nuevos frentes de guerra. No obstante, el aparato paramilitar empezó a demandar recursos que con el paso de los días se hicieron insuficientes, pese a los enormes aportes de ganaderos, hacendados, terratenientes, comerciantes, propietarios de empresas nacionales y gerentes de algunas multinacionales.

Esta situación preocupó a Castaño, que un día visitó en Montería a un dirigente político local con quien hablaba con frecuencia desde cuando asumió el mando de las autodefensas.

—El dinero es insuficiente. No tengo otra opción que cobrarles una especie de impuesto a los narcotraficantes y a los procesadores de hoja de coca. Ellos nos darán lo que nos hace falta pero voy a estar muy pendiente de que nuestros hombres no se mezclen en el negocio —le dijo a su interlocutor, que lo previno del peligro que representaba para el movimiento nutrir sus arcas con dineros ilícitos.

En pocas semanas Castaño resolvió el problema financiero de la organización porque sus hombres empezaron a cobrar impuesto de gramaje a la producción de coca en los laboratorios y peaje por la exportación de los cargamentos.

Entonces el jefe paramilitar desencadenó un baño de sangre que produjo las masacres de Mapiripán, en Meta, que entre el 15 y el 20 julio de 1997 dejó 49 campesinos muertos, y la de El Aro, en noviembre, un corregimiento del municipio de Ituango, Antioquia, donde masacraron a 15 personas[8]. Al mismo tiempo, hombres armados ejecutaron asesinatos selectivos que en una sola semana dejaron 140 personas muertas, entre campesinos, dirigentes sindicales y promotores de los derechos humanos. Ese año, Human Rights Watch le atribuyó a Castaño la autoría de al menos 22 masacres.

Ante el repudio nacional e internacional que produjeron las incursiones paramilitares, el gobierno del entonces presidente Ernesto Samper contraatacó de inmediato y

---

8 Por la masacre de Mapiripán, Carlos Castaño fue condenado a 40 años de prisión. Al mismo tiempo, el Estado colombiano fue sancionado por la Corte Interamericana de Derechos Humanos de la OEA y obligado a pagarles cuatro millones de dólares a las familias de los 49 campesinos asesinados por los paramilitares enviados por Castaño, que contaron con la colaboración de miembros de la Fuerza Pública. Por la masacre de El Aro, la justicia condenó a Salvatore Mancuso a 40 años de prisión. La OEA también condenó al Estado por la aparente complicidad de militares en la masacre.

ofreció 1.000 millones de pesos de recompensa por la cabeza del comandante paramilitar y creó un bloque de búsqueda especial para perseguir a Castaño "hasta en el infierno", según dijo el mandatario por aquellos días.

El repudio que causaron las atrocidades realizadas por los paramilitares obligó a Castaño a dar la cara en algunas entrevistas. Una de ellas fue con la revista *Cambio 16*, que habló con él en su campamento del Nudo de Paramillo, en la segunda semana de diciembre de 1997.

—No. De Mapiripán no me arrepiento porque no cayó un solo inocente. La clase de personas que cayó allí no es para que le produzca a uno preocupación de ninguna clase. En cuanto a El Aro, era un campamento guerrillero, un centro proveedor y de apoyo a la guerrilla. Allá estuvieron recientemente siete secuestrados. Me están satanizando, no soy un monstruo. Lo único que acepto es que mato guerrilleros fuera de combate. No son campesinos inocentes, son guerrilleros vestidos de civil —respondió Castaño, desafiante.

Pero muy pronto las autoridades encargadas de reprimir el narcotráfico descubrieron que las autodefensas se alimentaban de una de las cadenas del tráfico de drogas como había ocurrido en el Magdalena Medio 15 años atrás, cuando los grupos paramilitares creados por Henry Pérez fueron permeados por Gonzalo Rodríguez Gacha, *El Mexicano*. Los medios de comunicación dieron cuenta del hecho en forma profusa y se desencadenó un escándalo que Castaño trató de neutralizar por medio de cartas que el 8 de mayo de 1998 les envió al entonces embajador de Estados Unidos en Colombia, Curtis Kamman, y al director antinarcóticos de la Policía, coronel Leonardo Gallego.

Era la primera vez que el comandante paramilitar se dirigía a un funcionario estadounidense. En el mensaje a

Kamman, Castaño dijo que las AUC "negamos cualquier relación con organizaciones nacionales o internacionales del negocio de los narcóticos. Las AUC no aglutinan a todos los grupos armados no estatales que operan en el país, pues muchos trabajan para los narcotraficantes, otros son de la delincuencia común, otros son de vigilancia de propiedades rurales o urbanas y otros son cómplices de la subversión. Somos responsables únicamente de los efectivos de las AUC, los cuales tienen un mando centralizado".

En el mismo sentido se dirigió a Gallego, a quien le explicó que "los narcotraficantes protegen sus laboratorios con personal armado cuando éstos están ubicados en zonas rurales. Y es de conocimiento que los mismos se escudan malintencionadamente tras la fachada de las autodefensas. Ocasionalmente nuestras tropas sí tienen conocimiento de las zonas donde se instalan esos laboratorios, pero nunca cuentan con nuestra anuencia y mucho menos con nuestra protección".

Castaño no obtuvo respuesta alguna a sus mensajes y por el contrario las autoridades antinarcóticos de los dos países intensificaron las investigaciones para demostrar ante la opinión pública que las autodefensas habían sido contaminadas por el narcotráfico y que sus frentes controlaban algunas etapas de la cadena de producción en sus zonas de influencia.

Pese a estos señalamientos, la máquina de guerra de Castaño no se detuvo y por el contrario creció aún más. El 16 de mayo de 1998, las autodefensas de Santander y del sur del Cesar, Casanare y Cundinamarca anunciaron su adhesión a las AUC y reconocieron a Castaño como su jefe máximo. Así, las filas paramilitares pasaron rápidamente de 3.000 a 6.800 combatientes bien armados.

A la par con el inusitado aumento de su pie de fuerza, en los siguientes meses los paramilitares arreciaron su campaña de tierra arrasada en diferentes lugares del país. A los asesinatos de Jesús María Valle, presidente del Comité Permanente por la Defensa de los Derechos Humanos en Antioquia y del reconocido abogado Eduardo Umaña Mendoza, se sumaron ese año al menos otros 550 crímenes y 112 masacres, entre ellas la de 22 personas en Puerto Alvira, Meta, y 36 más en la denominada toma paramilitar del puerto petrolero de Barrancabermeja.

Al tiempo que acabaron sin piedad con quienes consideraban aliados de la subversión, los paramilitares tuvieron hombres suficientes para copar extensas zonas del país sembradas con cultivos ilícitos. Las AUC asumieron el control sobre 10.000 hectáreas de hoja de coca cultivadas en el Putumayo y les empezaron a cobrar un impuesto a los propietarios de las plantaciones. Lo mismo hicieron en el sur de Bolívar y el Catatumbo, en la frontera con Venezuela, donde estaban sembradas 40.000 hectáreas de hoja de coca.

En el segundo semestre de 1998 la mayor parte de los frentes de las AUC actuaban en regiones con cultivos ilícitos y por eso no sólo estaban boyantes económicamente sino que les alcanzaba para enviarles dinero a los que se mantenían con los aportes tradicionales de los ganaderos, comerciantes y hacendados, entre otros.

Aun cuando Castaño insistía en que las estructuras paramilitares no debían involucrarse en el negocio y su tarea estaba limitada al cobro de un impuesto entre la etapa de cultivo de la hoja y la venta de la pasta de coca, en poco tiempo debió rendirse ante la evidencia de que el dinero fácil había empezado a hacer mella en los objetivos del movimiento contrainsurgente.

Como se había hecho costumbre, por aquellos días Castaño viajó a Montería con el ánimo de hablar de nuevo con el ganadero que se había convertido en su consejero más cercano.

—Carlos, la penetración del narcotráfico en las AUC es vox pópuli y tú no has podido cumplir la promesa de que los frentes se limiten al cobro del impuesto al gramaje. El problema es que las motivaciones políticas de las auto-defensas serán desbordadas por el narcotráfico y no me cabe duda de que tú vas a terminar respondiendo por todo. Mejor dicho, no sólo vas a tener serios problemas con la Justicia en Colombia sino con la de Estados Unidos —advirtió el confidente y Castaño asintió en la validez de los temores de su viejo amigo.

El comandante paramilitar regresó a su campamento en el Nudo de Paramillo, convencido de que debía hacer algo para evitar que el narcotráfico se convirtiera en el único tema por el cual se hablaba de las autodefensas. Luego de estudiar el asunto por varias semanas, el estado mayor de la organización encontró que las AUC podrían aprove-char la elección de Andrés Pastrana como presidente, y su anuncio de iniciar un proceso de negociación con las FARC, para darle un rumbo político al movimiento.

Autorizado por el estado mayor de las AUC, Castaño escribió una carta en la que le explicó al mandatario en-trante las características de la organización, pero puso algunas condiciones para sentarse a negociar con el nuevo gobierno. El mensaje de 12 puntos fue suscrito el 14 de junio de 1998 y en su parte central decía que "no nos desmovilizaremos antes que la subversión por considerarlo inconveniente para el proceso de paz [...] el proceso de negociación del movimiento de autodefensas es directamente con el Gobierno. [...] Mientras los actores del conflicto por unanimidad no determinemos un cese de hostilidades, las conversaciones se desarrollarán dentro de la confrontación".

Días después Pastrana dijo públicamente que estaría dispuesto a iniciar un proceso de negociación con las autodefensas y con el ELN y dejó esa tarea en su comisionado para la paz, Víctor G. Ricardo[9].

Mientras el Gobierno y las FARC daban los primeros pasos para sentarse a hablar de paz en la zona desmilitarizada del Caguán[10], en diciembre de 1998 Castaño recibió noticias de Nicolás Bergonzoli, un importante narcotraficante del Cartel de Medellín de quien no tenía noticias desde hacía varias semanas y a quien había conocido más de diez años atrás, cuando él y su hermano Fidel se relacionaban con Pablo Escobar.

Durante ese tiempo se hicieron buenos amigos y por eso Bergonzoli no dudó en trasladarse a Montería después de la muerte de Escobar para seguir con sus negocios

---

9 Las AUC y Víctor G. Ricardo nunca tuvieron contacto directo. Algunos acercamientos entre el Gobierno y los paramilitares, que nunca prosperaron, se dieron a través del ex jefe de gobierno español Felipe González, y del ex canciller, también español, Abel Matutes. En Colombia, el puente entre Castaño y el Gobierno fue el congresista Luis Carlos Ordosgoitia, quien facilitó encuentros de Castaño con el entonces ministro del Interior Humberto de la Calle y el canciller Guillermo Fernández de Soto. El nobel Gabriel García Márquez intervino en algunos acercamientos que tampoco prosperaron. Castaño siempre estuvo convencido de que el gobierno de Pastrana no avanzó en un eventual diálogo con las autodefensas ante el temor de que las FARC se levantaran de la mesa del Caguán.

10 En una audaz decisión, el recién posesionado presidente Andrés Pastrana anunció el despeje de cinco municipios del sur del país, con 42.000 kilómetros de extensión, para sentarse a negociar con el Secretariado de las FARC. En diciembre de 1998 salieron las tropas de los cascos urbanos y fue habilitado el Batallón Cazadores de San Vicente del Caguán como sede oficial del Gobierno.

ilícitos, pero a la sombra de las autodefensas. Aunque no pertenecía al movimiento, su cercanía a Castaño, a quien acompañaba con frecuencia a sus desplazamientos por la región, le permitió por más de tres años ser testigo de primera línea del crecimiento militar de las AUC.

Pero a diferencia de Castaño, Bergonzoli sí tenía cuentas pendientes con Estados Unidos y estaba seguro de que más temprano que tarde sería pedido en extradición, castigo que el recién posesionado presidente Andrés Pastrana se había comprometido a aplicar con toda celeridad[11].

El narcotraficante y el paramilitar comentaron el asunto y estuvieron de acuerdo en explorar la opción de acercarse a las autoridades estadounidenses para buscar un arreglo directo que le permitiera a Bergonzoli mejorar su situación jurídica. Aunque el asunto implicaba un riesgo, el narcotraficante estaba relativamente tranquilo porque otro buen amigo suyo, Julio Fierro, ya había solucionado sus líos judiciales a través de un hombre conocido como Baruch Vega quien, según les habían dicho, tenía autorización del Departamento de Justicia de Estados Unidos, de la DEA y el FBI. Castaño y Bergonzoli también sabían que en Medellín se hablaba en voz baja de las negociaciones directas de otros capos.

Bergonzoli decidió buscar a Vega y por eso desapareció de Montería por varias semanas. Hasta ese día de diciembre de 1998, cuando Castaño recibió un correo en el que su amigo le informó que había regresado a Colombia y

---

11 El 17 de diciembre de 1997 el Congreso de la República revivió la figura de la extradición a Estados Unidos, que había sido suprimida de la Constitución de 1991 por la presión de Los Extraditables. Según la nueva norma, el envío de nacionales a ese país sólo podría ser aplicado a delitos cometidos después de su vigencia.

que en cualquier momento llegaría a su campamento en San Pedro de Urabá.

Así ocurrió y Bergonzoli apareció en compañía de Joaquín Pérez[12], un abogado de origen cubano radicado en Miami que según su carta de presentación había conducido con éxito la negociación de un puñado de narcos colombianos con los tribunales estadounidenses. Bergonzoli y Pérez le contaron a Castaño que ya habían iniciado acercamientos en ese país y que dejaron sentadas las bases de un acuerdo que sería formalizado en los siguientes meses y en el cual Bergonzoli aceptaría cargos por narcotráfico, entregaría información sobre el negocio, así como una compensación en dinero al fisco estadounidense, a cambio de una sustancial rebaja en su pena de prisión.

Castaño y Pérez simpatizaron de inmediato y durante un par de días evaluaron los alcances de la estrategia del Departamento de Justicia de Estados Unidos para combatir el narcotráfico por vías distintas a la represión. Pérez le explicó al cada vez más interesado jefe paramilitar que ese mecanismo de negociación siempre ha existido en las leyes americanas y que los arreglos directos entre un delincuente y los jueces se hacían desde mucho tiempo atrás. Agregó que él y Daniel Forman, otro abogado de Miami, llevaban la batuta en esa materia.

Más adelante el renombrado jurista le explicó al comandante de las AUC que en el caso de los narcos colombianos el gobierno de Estados Unidos había dejado

---

12 Joaquín Pérez es un abogado cubano-americano que se graduó en Boston y empezó a ejercer su profesión como defensor público en Rhode Island. Posteriormente se trasladó a la Florida, donde laboró como fiscal del Estado. Más tarde montó un bufete de abogados, calificado como uno de los más prestigiosos del sur de Estados Unidos.

el manejo de todo el proceso en manos de Baruch Vega, la fiscal Theresa van Vliet y un grupo especial de la DEA en Miami. La estrategia, según Pérez, era exitosa porque ya habían negociado numerosos narcos, entre ellos Arturo Piza, Román Suárez, Julio Fierro, Guillermo Ortiz Gaitán e Ivonne Scaff. Agregó que Vega había iniciado acercamientos con algunos de los capos de los carteles del Valle del Cauca.

Mientras recorrían sus dominios en la región, Castaño le explicó al jurista que él no era narcotraficante y que en el futuro sólo podrían juzgarlo por los crímenes que ordenó ejecutar en desarrollo de la guerra contra la subversión. Aun así, reconoció que la existencia de las AUC estaba en serio peligro porque ya no se podía ocultar que las arcas de los frentes paramilitares se alimentaban de las ganancias del tráfico de drogas.

Al final de la extensa charla, de la cual Bergonzoli fue testigo de excepción, Castaño y Pérez hicieron un pacto: el jefe paramilitar se comprometió a poner en marcha una estrategia para convencer a los capos del narcotráfico de buscar un arreglo directo con Estados Unidos y Pérez a facilitar los contactos que ya había establecido con la Fiscalía, el FBI, la DEA y las cortes federales estadounidenses.

Con la agenda paramilitar cada vez más narcotizada, a finales de 1998 el Gobierno y las AUC se cruzaron numerosos mensajes pero no lograron hallar un camino expedito para sentarse a hablar en serio. Las cosas se hicieron más tirantes aún el 5 de enero de 1999 —dos días antes del encuentro en San Vicente del Caguán del presidente Andrés Pastrana y Manuel Marulanda, *Tirofijo*, comandante de las FARC, para instalar la mesa de negociaciones—[13],

---

13 El 7 de enero de 1999, Manuel Marulanda no asistió a la instalación de la mesa de negociación con el argumento de

cuando los medios de comunicación revelaron que el Consejo Nacional de Seguridad reunido en la Casa de Nariño había decidido lanzar una ofensiva frontal contra los grupos de justicia privada y aplicarles a las AUC los mismos métodos con los cuales el Estado enfrentó los carteles de la droga.

Encolerizado, Castaño se comunicó con los demás miembros del estado mayor de las AUC y les leyó el texto de una carta que ese mismo día se proponía enviarle al jefe del Estado y en uno de cuyos apartes decía que "se evidencia que el verdadero poder en Colombia lo ejerce la guerrilla, y es ella quien traza los derroteros nacionales y establece a quién debe combatir prioritariamente el Gobierno".

La respuesta paramilitar a la decisión de Pastrana de perseguir a las AUC por la presión de las FARC fue salvaje. Entre el 7 y el 10 de enero ejecutaron 19 masacres en las que fueron asesinadas 146 personas. La confrontación entre paras y guerrilla por el control de regiones cultivadas con hoja de coca y amapola se intensificó aún más en las siguientes semanas, al tiempo que en el Caguán empezaron a aparecer las primeras diferencias entre los negociadores del Gobierno y los de las FARC debido a que el grupo subversivo quería imponer sus condiciones para dilatar por tiempo indefinido la discusión de los temas de la agenda previamente pactados.

Pero muy pronto Castaño y el estado mayor de las AUC debieron afrontar serias acusaciones de Estados Unidos, que en abril de ese año reveló documentos confidenciales

que las autodefensas tenían preparado un atentado en su contra. Pastrana no tuvo otra opción que inaugurar los diálogos con una silla vacía a su lado, donde debía sentarse el legendario guerrillero.

de la DEA que los acusaban de intervenir directamente en el negocio del narcotráfico en las zonas arrebatadas a los subversivos.

Apenas conoció estos informes, Castaño intentó desvirtuarlos una vez más y para ello le envió una nueva carta al embajador estadounidense, Curtis Kamman, en la que por primera vez habló de la posibilidad de acudir personalmente ante autoridades de ese país para responder por las sindicaciones que le hacían de traficar con droga. "Durante toda mi vida he sido un enemigo acérrimo del narcotráfico y su poder corruptor —decía un aparte del mensaje enviado al diplomático el 27 de abril—; la autoridad moral de mi conducta, ajena a esta actividad delictiva, me ha permitido controlar, depurar, denunciar públicamente y exigir castigo para cualquier miembro de las Autodefensas o de las comunidades sobre las cuales tenemos ascendencia, cuando se han descubierto involucrados en actividades relacionadas con el narcotráfico".

En la parte final de la carta, el jefe paramilitar le dijo a Kamman que "estoy dispuesto, si el gobierno de los Estados Unidos garantiza que no seré detenido por mis delitos políticos derivados de mi lucha antisubversiva, a presentarme ante una autoridad competente de ese país para responder por esta aleve calumnia".

Como ocurrió con el mensaje anterior, Castaño tampoco obtuvo respuesta alguna del embajador estadounidense. Pero del que sí recibió novedades por aquellos días de finales de abril de 1999 fue de Nicolás Bergonzoli, quien le escribió eufórico desde Miami para contarle que había terminado con éxito el proceso de negociación promovido por Baruch Vega y conducido por el abogado Joaquín Pérez.

Al terminar el mensaje, Bergonzoli le dijo a su amigo Castaño que el acuerdo le permitió llevar una parte de su familia a Miami, pero que tanto a él como a los otros narcos que habían negociado les prohibieron regresar a Colombia porque tarde o temprano se sabría que ellos arreglaron su situación jurídica y serían acusados de traidores o sapos, por lo cual sus vidas y las de sus parientes cercanos correrían peligro. No obstante, Bergonzoli dijo que se las arreglaría para viajar a Colombia de vez en cuando porque las negociaciones patrocinadas por Washington iban viento en popa y él estaba comprometido a alentar a más narcotraficantes. El jefe paramilitar respondió el mensaje y se comprometió a proteger a los familiares de Bergonzoli que permanecieron en Colombia y no fueron incluidos en el acuerdo.

La experiencia de Bergonzoli le mostró a Castaño una opción que no había contemplado antes y desde ese momento mostró un enorme interés por el creciente número de negociaciones directas que se estaban realizando en Estados Unidos con el aval del Departamento de Justicia.

El esquema de negociación tuvo un salto cualitativo varios meses después, cuando la Policía colombiana y la DEA capturaron a Fabio Ochoa Vásquez, a Alejandro Bernal Madrigal y a otras 29 personas acusadas de narcotráfico. Fue la Operación Milenio, ejecutada el 13 de octubre de 1999 en varias ciudades del país y de la que por una delación escaparon cuatro importantes narcotraficantes: Carlos Ramón Zapata, Óscar Campuzano, Juan Gabriel Úsuga y Bernardo Sánchez Noreña.

Aun cuando la fuga de estos capos no se conoció públicamente, en los bajos fondos de la mafia no tardó en saberse que algunos se ocultaron en Córdoba y Antioquia y que luego de entrar en contacto con agentes estadounidenses para arreglar su situación jurídica viajaron a Panamá donde los esperaban Baruch Vega y los agentes de la DEA Larry Castillo y David Tinsley.

Castaño recibió información de primera mano sobre lo que estaba ocurriendo con los narcos que escaparon a la Operación Milenio y muy pronto empezó a recibir llamadas de grandes y pequeños capos que querían saber su opinión sobre lo que podía suceder en las horas siguientes.

El jefe paramilitar respondió que en su concepto las autoridades le habían pisado la cuerda a la generación de narcotraficantes que sucedió a los carteles de Cali y Medellín y que por aquel entonces había logrado pasar desapercibida gracias a su bajo perfil. Pero ahora —según Castaño—, con la captura de Ochoa y Bernal y la fuga de Ramón, Campuzano, Úsuga y Sánchez, era previsible que las autoridades desencadenaran una acción masiva contra los enlaces de la organización.

En los días siguientes a la Operación Milenio, decenas de narcotraficantes se las arreglaron para llegar a Panamá con el fin de arreglar sus cuentas con la justicia estadounidense[14]. Nunca antes en la historia contra el narcotráfico se había producido una desbandada tan grande de delincuentes aterrorizados por la extradición.

Pocos días después, a finales de octubre, Bergonzoli buscó de nuevo a Castaño y le contó que había viajado a Panamá para encontrarse con Vega y los agentes de la DEA que afinaban los términos del sometimiento de los narcos colombianos. Tras un intenso cruce de comunicaciones, Bergonzoli le dijo al comandante de las autodefensas que él y los demás miembros del estado mayor deberían pensar en acercarse a Estados Unidos porque en los organismos de investigación de ese país no se hablaba de otra cosa que de sus crecientes vínculos con el narcotráfico.

---

14 Ver capítulo Las negociaciones.

Antes de tomar una decisión sobre la propuesta de Bergonzoli, Castaño consultó la opinión de sus más cercanos consejeros, entre ellos el ganadero de Montería con quien hablaba cada vez que necesitaba una opinión sobre temas delicados, y Hernán Gómez, un reconocido intelectual de izquierda que con el paso de los años se convirtió en una especie de líder espiritual de las autodefensas, aunque nunca quiso pertenecer al movimiento.

La opinión de Gómez y del ganadero fue similar en dos puntos fundamentales: el primero, que de manera inevitable cualquier proceso de paz en Colombia pasaría por el cedazo de Estados Unidos. El segundo, que una negociación de paz sólo sería posible con grupos armados que demostraran un claro dominio sobre amplias franjas del territorio, incluidos laboratorios, pistas clandestinas y cultivos ilícitos.

Con estos argumentos y con la incitación de Bergonzoli, Castaño no tardó en llegar a un acuerdo con los demás comandantes para explorar la opción de acercarse a las autoridades estadounidenses. Ocurrió el 1o. de diciembre de 1999, cuando les envió una carta a Larry Castillo y a Baruch Vega en la que se mostró dispuesto a sostener un encuentro personal con ellos. En el mensaje, Castaño se cuidó de reiterar que él era enemigo del narcotráfico e hizo énfasis en el carácter antisubversivo de la organización.

La comunicación fue bien recibida, pero pocos días después surgió un primer *impasse* cuando Bergonzoli recibió del narcotraficante Carlos Ramón Zapata un extenso documento en el que una especie de sindicato de la mafia planteaba una "propuesta de colaboración y sometimiento" a las autoridades estadounidenses. En el escrito dejaban ver claramente que ellos estaban relacionados con las autodefensas y que tenían sus propios grupos de justicia privada para defenderse de sus enemigos.

Bergonzoli le envió copia del documento a Castaño, quien percibió que podría tratarse de una celada porque nunca antes había escuchado hablar de un sindicato de narcotraficantes como ese. Por eso el 10 de diciembre siguiente les escribió de nuevo a Castillo y a Vega. En la carta, de nueve párrafos, Castaño reiteró su interés en reunirse con ellos y desvirtuó de plano la validez del llamado sindicato. También aclaró que los capos del narcotráfico no pertenecían a las autodefensas y sus denominados grupos de justicia privada no eran más que ejércitos de sicarios que defendían sus intereses.

"Nadie en Colombia desconoce la retroalimentación que se presenta entre el conflicto y el narcotráfico, en algunos casos como un fenómeno socioeconómico y en otros completamente delincuencial —dice un aparte de la carta—. Grandes e indiscriminadas concertaciones de ustedes con unos y otros sólo llevaría a fortalecer la impunidad en Colombia y no se arreglaría nada".

Los dos mensajes de Castaño y 14 correos electrónicos que se cruzaron en menos de 15 días dejaron la sensación en las autoridades estadounidenses de que podría estar allanado el camino para el inicio de un proceso de negociación a gran escala con los cada vez más poderosos comandantes de las AUC.

No obstante las señales en ese sentido, en Washington se mantuvo intacta la pésima percepción sobre el comportamiento de los paramilitares colombianos. Así quedó consignado ese fin de año de 1999 en un extenso documento del Departamento de Estado, que evaluó la situación de los derechos humanos en el país, así como el avance del proceso de paz con las FARC en el Caguán. "Aunque algunos grupos paramilitares reflejan el deseo de los residentes rurales de organizarse únicamente con el propósito de defenderse, otros constituyen organizaciones

de autodefensa proactiva, y otros más son ejércitos privados de los narcotraficantes o de los grandes terratenientes
—afirmaba el análisis estadounidense—. El apoyo popular
a favor de esa organización creció durante el año a medida
que aumentó la violencia guerrillera ante la lentitud del
proceso de paz".

Al comenzar 2000, los contactos de Castaño con Vega
y Castillo para un eventual encuentro en las montañas de
Córdoba se hicieron más frecuentes y cada vez involucra-
ron a funcionarios de más alto nivel en Estados Unidos.
Tanto que el asunto llegó a conocimiento de la vicefiscal
Mary Lee Warren, quien lo trasladó al seno del Comité
Blizt, organismo que no tardó en autorizar las gestiones
secretas con los paramilitares de Colombia.

Mientras este proceso avanzaba a todo vapor, el 18
de febrero las AUC ejecutaron una de las más sangrientas
masacres desde su creación tres años atrás. Unos 300
paramilitares se tomaron la localidad de El Salado, en el
departamento de Bolívar, y después de varios días de cau-
sarles vejámenes y maltratos a sus pobladores asesinaron
a 36 de ellos. Las organizaciones de derechos humanos
responsabilizaron a las Fuerzas Militares por no reaccionar
a tiempo pese a las advertencias de que las autodefensas
habían amenazado con tomarse la localidad.

El escándalo fue tal que el estado mayor de las AUC y
el propio Castaño llegaron a la conclusión de que había
llegado la hora de dar la cara y no esconderse más. Hasta
ese momento el jefe paramilitar había mantenido su rostro en secreto y los organismos de seguridad sólo tenían
en sus archivos una vieja fotografía suya. Así ocurrió y
el comandante de las AUC apareció por televisión en la
noche del 1o. de marzo en una entrevista de una hora
con Darío Arismendi en el programa "Cara a Cara" del
canal Caracol.

Aun cuando hubo opiniones encontradas sobre Castaño, que apareció como un hombre hábil, locuaz y lleno de argumentos para defender su causa, lo cierto es que al final salió bien librado porque logró el objetivo de dejar la sensación de que las AUC eran una parte del conflicto y en algún momento habría que tenerlas en cuenta para una negociación.

A Castaño no le fue mal en su primera salida por televisión y por unos días vivió una especie de luna de miel con la opinión, pero a finales de marzo recibió un correo de Nicolás Bergonzoli en el que le informó que el programa de entrega de narcotraficantes a la justicia de Estados Unidos había sido congelado porque la Fiscalía del sur de la Florida ordenó la detención de Baruch Vega y la DEA separó de sus cargos a los agentes Larry Castillo y David Tinsley. Los tres fueron acusados de incurrir en presuntos actos de corrupción al apropiarse de buena parte del dinero que los narcos colombianos les entregaban para agilizar el proceso de negociación en las cortes federales.

Las decisiones en torno a Vega y los agentes de la DEA de Miami produjeron consecuencias inmediatas: la suspensión de la entrega de más narcotraficantes y la congelación del eventual encuentro con Castaño y las AUC.

Aun cuando en mayo siguiente Vega fue dejado en libertad bajo fianza y Castillo y Tinsley fueron autorizados a regresar a sus labores habituales porque la Fiscalía encontró consistentes sus argumentos de defensa, el esquema de negociación con los narcotraficantes manejado por ellos permaneció en el aire. Sin embargo, el programa global de resocialización de narcotraficantes no desapareció porque el Departamento de Justicia había impartido directrices claras en el sentido de que cualquier negociación directa no requería de intermediarios y que sólo se necesitaba voluntad de colaborar con la justicia, contactar a un abogado y firmar un compromiso con la anuencia de un fiscal.

En Colombia, entre tanto, los paramilitares intensificaron sus operaciones para consolidar el control territorial de las zonas sembradas con cultivos ilícitos. Y como en años anteriores, los frentes de las AUC actuaron sin piedad contra los que ellos denominaron simpatizantes o colaboradores de las guerrillas. La barbarie paramilitar fue de tal dimensión que por primera vez, a finales de 2000, el Departamento de Estado incluyó a las AUC en un informe sobre organizaciones terroristas en el mundo.

Al explicar este cambio de posición con respecto a los paramilitares colombianos, el entonces secretario de Estado, Colin Powell, dijo que se debió al "veloz crecimiento que presentaron y al dramático aumento de su participación en el asesinato y plagio de población no combatiente por razones políticas. Este grupo es el autor principal de violaciones atroces a los derechos humanos que van en aumento y está profundamente mezclado en el negocio de las drogas ilícitas".

La embajadora estadounidense en Colombia, Anne Patterson, reforzó las aseveraciones de Powell y agregó, en declaraciones a los periodistas, que "las AUC constituyen la mayor amenaza al estado de derecho en Colombia".

Las declaraciones de los dos altos funcionarios estadounidenses cayeron como una bomba en los campamentos de Castaño en el Nudo de Paramillo porque era evidente que muy pocos creían en su viejo argumento de que aunque el 70% de los ingresos provenían del narcotráfico, los frentes de las AUC no estaban involucrados directamente en el negocio.

—Muy pocas veces lo había visto así —relató el consejero de Castaño, que lo recibió en Montería en los primeros meses de 2001—. Estaba mortificado porque todos los males de las autodefensas se los achacaban a él y estaba lleno de órdenes de captura en su contra. Además, ya no podía tapar el sol con un dedo y no tuvo más remedio que aceptar que en las AUC estaba ganando un sector guerrerista que sólo pensaba en el dinero del tráfico de drogas y en hacer fortuna a cualquier precio. Por eso las barbaridades que estamos viendo. La guerra contra la guerrilla ya no les importa mucho. Son narcotraficantes, no autodefensas.

El consejero agregó en la charla con nosotros en Montería que Castaño estaba dispuesto a darle un viraje a su vida ahora que iba a casarse con Kenia Gómez, una joven de 18 años de quien se había enamorado. La boda estaba planeada para el 15 de mayo, pero unos días antes, el 10, anunció la sorpresiva decisión de renunciar a la jefatura de las AUC. El periodista Mauricio Aranguren fue testigo de excepción del desenlace de ese episodio porque justo el día anterior había llegado al campamento de Castaño para complementar la tarea de reportería que desde meses atrás adelantaba con el jefe paramilitar, quien había aceptado contar su vida en un libro.

A Aranguren le pareció extraño que esa mañana Castaño estuviera sin escoltas y sentado solo en el tronco seco de un árbol caído. En tono enigmático, el jefe de las AUC le dijo que ese sería su último encuentro y le entregó un par de hojas donde estaban consignadas las razones por las cuales tomó la decisión de autorizar la publicación del texto en el que contaría su versión de lo que ocurrió en una de las épocas más cruentas en la historia de Colombia.

—Cuando uno resulta el más idealista entre otros, que no lo son tanto, lo correcto es dejar de serlo —le dijo Castaño a Aranguren pero no le explicó el sentido de sus palabras.

El periodista se enteró de la renuncia de Castaño a la dirección de las AUC cuando el avión que lo traía desde

Montería aterrizó la mañana siguiente en el aeropuerto Eldorado. Entonces el comunicador le escribió un correo electrónico y éste respondió de inmediato.

—Dudo de que lo haya sorprendido mi renuncia a la comandancia de las AUC, pues usted notaba contradicciones en la organización. Sacrifico mi cargo pero impido que las AUC se vuelvan contra lo que siempre han defendido.

Tres semanas después, el 6 de junio, un encuentro extraordinario de comandantes de las autodefensas aceptó su renuncia e integró una nueva cúpula en la que era evidente la división de responsabilidades: Castaño y Ernesto Báez fueron designados jefes políticos y otros nueve comandantes, entre ellos Salvatore Mancuso, pasaron a integrar el estado mayor. "Desde hoy las AUC actúan como una confederación de fuerzas antisubversivas, donde cada uno de sus comandantes es individualmente responsable de todas sus acciones", decía uno de los párrafos de un comunicado en el que los paramilitares anunciaron su nueva organización interna.

A partir de ahí los comandantes paramilitares dedicaron gran parte de su tiempo a hablar con sus hombres para reorientar los objetivos de cada frente, pero el escepticismo en la opinión era palpable ya que sus hombres continuaron la racha de masacres y asesinatos selectivos, especialmente en Sucre, Magdalena, Bolívar y Valle del Cauca.

Sin embargo, los nuevos planes de las AUC habrían de cambiar en forma drástica desde el 11 de septiembre, cuando se produjo el ataque de terroristas árabes de la red de Al Qaeda contra las torres gemelas de Nueva York y el edificio del Pentágono en Washington. La muerte de más de 3.000 personas desencadenó una dura reacción de Estados Unidos contra todo lo que significara terrorismo y los grupos delincuenciales de Colombia, en particular las AUC, no se escaparon de sus consecuencias.

Para Castaño, el 11s significó el fin de sus acercamientos a Estados Unidos. Washington ordenó suspender a partir de ese día los contactos adelantados hasta entonces con él, y el Comité Blizt expidió una circular interna en la que dejó sin piso una posible negociación con el narcotráfico y el paramilitarismo, auspiciada por Castaño.

El curso de los acontecimientos golpeó seriamente al jefe paramilitar porque el 11s echaba por tierra su viejo sueño de vivir algún día en Estados Unidos. Incluso, a las personas que por aquellos días lo visitaron en su campamento les dijo por primera vez que tuvo el impulso de alquilar un avión y viajar a Miami para entregarse a las autoridades estadounidenses.

Castaño y el periodista Aranguren volvieron a entrevistarse a finales de septiembre en Antioquia porque el jefe paramilitar estaba interesado en actualizar la versión del libro que el periodista tenía bastante avanzado y que saldría al mercado en diciembre siguiente.

En los dos días que duró el encuentro con el periodista, Castaño precisó los alcances de su decisión de renunciar al comando de las AUC. Según él, su dimisión les cayó como un baldado de agua fría a los comandantes, que se sintieron desamparados. Tanto, que 11 de ellos le enviaron mensajes en los que le dijeron que estaban con él y le pidieron regresar al mando de la organización.

—Me inquietaba la reacción de las autodefensas —le dijo Castaño a Aranguren, según escribió después en el libro *Mi confesión*—. Pretendía que los guerreristas se fueran quedando casi solos y poco a poco se fueran acercando a la tendencia moderada, la que sigue mis planteamientos, la que tiene futuro. Tuve la ventaja de tener comandantes que por más guerreristas que sean tienen cerebro. Terminaron bajo el techo de la tendencia moderada.

Después de esta explicación, Castaño le mostró al periodista un documento que había leído el 6 de junio en la cumbre de comandantes paramilitares que aceptó su renuncia y nombró un nuevo estado mayor. Uno de los párrafos era especialmente fuerte con sus colegas: "Yo creo que algunos están aquí por fortalecer su patrimonio económico, otros quieren salir de la cárcel donde están detenidos por conductas ajenas a la causa o por la causa. Otros quieren evitar llegar a la cárcel pors conductas de la causa y fuera de ella. Algunos quieren prioritariamente destruir la subversión, otros quieren además poder político y algunos quieren ganar la guerra como sea y pase lo que pase. Para otros es simplemente un modus operandi y para algunos es causa de patria".

Aranguren regresó de nuevo a Bogotá y empezó a trabajar en la versión final del escrito, al tiempo que Castaño y los demás comandantes de las AUC se dieron a la tarea de preparar una nueva cumbre, esta vez para estudiar las consecuencias del 11s.

La Cuarta Conferencia de las autodefensas se reunió en noviembre de 2001 y asistieron un centenar de comandantes. Al cabo de tres días de deliberación, los paramilitares reconocieron que la inclusión de las AUC en la lista de grupos terroristas y el endurecimiento de los códigos internacionales para delitos de lesa humanidad les cerraban las puertas frente a Estados Unidos y la Unión Europea. En otras palabras, los paramilitares se vieron forzados a buscar una fórmula a la colombiana para resolver un doble problema: la barbarie cometida en centenares de masacres y los vínculos de buena parte de los comandantes con el narcotráfico.

Para enfrentar semejante desafío, la cumbre paramilitar adoptó dos estrategias: la primera, dirigida a la opinión pública, determinó que en adelante no serían asesinados más guerrilleros vestidos de civil, habría un control a los métodos empleados hasta ese momento contra la guerrilla y se exigiría a los frentes la cancelación de sus relaciones con el narcotráfico.

La segunda, secreta, estaba dirigida a buscar herramientas en las leyes colombianas para enfrentar las solicitudes de extradición que en un futuro cercano vendrían de Estados Unidos. En este sentido, acordaron explorar caminos jurídicos para obtener del Estado el reconocimiento político de la organización. Estaban seguros de que si ello ocurría lograrían neutralizar los eventuales pedidos de extradición.

Pese a la presión estadounidense, que se acentuaba cada vez más por los excesos de los paramilitares, Castaño no dejó de lado el compromiso que había adquirido con el abogado Joaquín Pérez de convencer a narcotraficantes que no estuvieran catalogados como terroristas para arreglar sus problemas con la justicia de ese país. Y lo hizo a través del coronel (r) de la Policía Danilo González, a quien había conocido en el Bloque de Búsqueda cuando Castaño hacía parte de los Pepes.

González, quien había salido en forma discreta de la Policía por sostener relaciones no autorizadas con los capos del norte del Valle, entendió las intenciones de Castaño y no dudó en llevarlo donde Hernando Gómez Bustamante, *Rasguño*, Diego Montoya, *Don Diego*, Víctor Patiño Fómeque —quien el 13 de agosto anterior había salido de la cárcel luego de purgar una condena de seis años— y otros diez poderosos jefes del narcotráfico a quienes el jefe de las AUC alentó a sumarse al casi centenar de traficantes que por aquellos días de 2001 ya habían resuelto sus líos jurídicos con Estados Unidos.

La iniciativa de Castaño atrajo la atención de la mafia del Valle, que muy pronto envió mensajes en el sentido de que estaba dispuesta a discutir el asunto en forma amplia.

En poco tiempo, el jefe de las autodefensas confirmó la realización de una gran cumbre de paramilitares y capos del narcotráfico de todo el país.

Al tiempo que la reunión narcoparamilitar empezaba a tomar forma, el libro de Aranguren salía al mercado y de inmediato se convertía en éxito editorial de fin de año. Tanto que fue necesario imprimirlo varias veces. Las revelaciones de Castaño causaron estupor porque confesó sin ruborizarse que había sido autor de muchos de los asesinatos y masacres de los últimos años, entre ellos el crimen de Carlos Pizarro, candidato presidencial del M-19 y la masacre de Mapiripán, entre otros.

Finalmente, el encuentro de narcos y paras se produjo el 31 de diciembre de ese año, 2001, en la finca El Vergel, en el municipio de Cartago, al norte del Valle del Cauca, propiedad de Rasguño. Asistieron 26 comandantes de las autodefensas y más de 50 narcotraficantes, que al mejor estilo de las mafias de Chicago llegaron en helicóptero y con su propio cuerpo de seguridad de entre 10 y 20 hombres armados con fusiles. No obstante, Castaño, quien llegó al encuentro acompañado por el coronel González y por Jaime Humberto Agredo —otro buen amigo suyo que tiempo después terminó en Estados Unidos—, se preocupó al ver el despliegue de fuerza de sus contertulios en contraste con él, que no llevó guardaespaldas.

—Aquí nos pueden matar estos tipos —le dijo Castaño en voz baja a Ágredo, según nos contó un testigo de ese episodio.

Narcotraficantes y paramilitares escucharon con atención a Castaño, quien explicó las ventajas de subirse al tren de las negociaciones directas con Estados Unidos como única opción para resolver los problemas con la justicia y hacerle el quite a la extradición que, según sus palabras, los perseguiría durante toda la vida.

El comandante de las AUC relató la experiencia de Nicolás Bergonzoli, que calificó como modelo a seguir y reveló que mantenía contacto con los abogados y funcionarios estadounidenses que en 1999 negociaron con los prófugos de la Operación Milenio y decenas de narcos que viajaron a Panamá a arreglar sus problemas con la justicia. También explicó que la desaparición de Julio Fierro, ocurrida en Medellín en agosto anterior, se debió a que violó la exigencia de no regresar al país después de negociar en Estados Unidos[15].

Al terminar el encuentro los asistentes estuvieron de acuerdo en explorar los caminos que los condujeran a los fiscales estadounidenses, pero le aclararon a Castaño que ello sólo sería posible si lo hacían en bloque y en forma unificada. A instancias del coronel González, Víctor Patiño también se interesó en el asunto porque ya sabía que las autoridades norteamericanas le habían iniciado un proceso en Miami bajo la acusación de haber continuado traficando desde la cárcel La Picota al lado de los hermanos Miguel y Gilberto Rodríguez Orejuela e Iván Urdinola[16].

---

15 Julio Fierro, compañero sentimental de la modelo Natalia París, llegó a Colombia el 28 de julio de 2001 con el fin de asistir al bautizo de su hija recién nacida. Días más tarde, el 11 de agosto, desapareció en Medellín y su cuerpo nunca fue hallado. Fuentes cercanas a la mafia confirmaron el asesinato de Fierro, quien negoció en 1997 con la justicia de Estados Unidos. Tras solucionar su situación jurídica, pues tenía procesos por narcotráfico y conspiración para asesinar a un fiscal estadounidense, Fierro se convirtió en informante de la DEA y del FBI.

16 Agentes especiales norteamericanos y la Policía colombiana recopilaron numerosas evidencias contra los hermanos Rodríguez Orejuela y con base en ellas solicitaron su extradición en diciembre de 2003. Urdinola murió de un infarto cardiaco y Patiño fue extraditado en 2002.

Los sucesos de comienzos de febrero de 2002, cuando el presidente Andrés Pastrana suspendió la zona de despeje y dio por terminadas las negociaciones con las FARC en el Caguán, hicieron que Castaño y el periodista Aranguren se encontraran para agregarle otro capítulo al libro, que de nuevo estaba agotado. Fue una extensa entrevista en la que Castaño se refirió al fin del proceso de paz y a las consecuencias de los atentados del 11 de septiembre anterior.

"Ir más lejos con la farsa de la negociación habría metido a las FARC en una camisa de fuerza que no estaban dispuestos a dejarse poner. Por eso desde la reanudación de los diálogos en enero comenzaron a movilizar a sus jefes y sus rehenes hacia otros espacios, al tiempo que en un martirizante goteo de terror acercaban día a día al presidente Pastrana a la difícil determinación del fin del proceso.

"Ciertamente los sucesos de Nueva York y Washington y la consecuente guerra mundial contra el terrorismo nos impulsaron a puntualizar nuestra posición en el conflicto colombiano [...]. Hemos actuado para corregir errores de nuestro pasado como autodefensas y avanzamos hacia el reconocimiento político con paso firme, tanto por la comunidad nacional como por la internacional".

El éxito del libro de Aranguren sobre la vida de Castaño contrastó con el fracaso de su estrategia de convencer a narcotraficantes y paramilitares de negociar masivamente con Estados Unidos. En efecto, con el transcurrir de los meses, el líder de las autodefensas observó que la idea planteada en la hacienda de Rasguño el último día del año anterior iba camino del fracaso. Aún así, se animó a enviarles una carta a los directores de la DEA, el FBI y la embajadora Patterson en la que les dijo que seguía en firme su intención de persuadir a los narcotraficantes de someterse a la justicia estadounidense y reiteró una vez más su disposición de entregarse a una autoridad de ese país para responder por la autorización que les dio a algunos frentes paramilitares de financiarse con las ganancias de la coca.

El inminente fin del agitado gobierno de Pastrana y la aparición en el escenario político de Horacio Serpa y Álvaro Uribe como candidatos para sucederlo hizo que en el primer trimestre de 2002 el país se concentrara en las elecciones presidenciales.

Mientras el debate por la carrera presidencial se hacía más intenso, el 9 de abril Castaño perdió el primer y más importante round en su larga espera por lograr que algún sector del narcotráfico se entregara para negociar con la justicia de Estados Unidos. Ese día el Ejército capturó en un hotel de Bogotá a Víctor Patiño Fómeque, quien para esos días ya había sostenido algunos encuentros en Bogotá con funcionarios estadounidenses. El episodio fue ampliamente conocido en el bajo mundo del narcotráfico y el paramilitarismo y Castaño empezó a perder credibilidad como mediador. La captura de Patiño, que en algún sector de las autodefensas y de la mafia misma fue atribuida en parte a Castaño, también dio al traste con el interés de Rasguño, quien se esfumó para esconderse[17].

La jornada electoral del 26 de mayo concluyó con una abrumadora victoria a favor de Álvaro Uribe. El discurso de mano dura contra la guerrilla y la promesa de recuperar

---

17 De manera sorpresiva, en julio de 2004, Hernando Gómez Bustamante, *Rasguño*, fue detenido por las autoridades de inmigración en el aeropuerto de La Habana. El colombiano, solicitado en extradición por Estados Unidos, aparecía en la lista de los 12 narcotraficantes más buscados. Rasguño permanece aún en una cárcel de la capital cubana.

la seguridad calaron en los votantes, que de paso condenaron los excesos de las FARC en el Caguán y la debilidad del Gobierno durante los últimos cuatro años.

La turbulencia que se vivía en las entrañas del paramilitarismo terminó por desencadenar una crisis que tendría graves secuelas en el futuro cercano. El 9 de junio y de manera inesperada, Castaño publicó un durísimo editorial en la página de Internet de las AUC en el que reconoció los vínculos de algunos de sus frentes con el narcotráfico e instó a varios comandantes a abandonar esas actividades. Pero lo que realmente sorprendió fue uno de los apartes del escrito, en el que señaló a su viejo amigo Ernesto Báez, con quien compartía la jefatura política de las AUC, de dañar la imagen del movimiento por sus inocultables nexos con el tráfico de drogas. En el siguiente párrafo, Castaño también acusó de lo mismo a Julián Bolívar y a Javier Montañés, comandantes del poderoso Bloque Central Bolívar.

Pero la crisis no terminó ahí. El 15 de julio, Castaño expidió un comunicado en el que reveló que grupos paramilitares de Puerto López y Puerto Gaitán, en Meta, habían sido los autores del secuestro dos años atrás —en julio de 2000— del aviador venezolano Richard Boulton, de 37 años, hijo del empresario de aviación inglés Henry Lord Boulton.

El hombre de negocios fue plagiado por un comando armado que lo sacó de Tocuyito, una hacienda cercana a la ciudad venezolana de Valencia, 158 kilómetros al oeste de Caracas. Varios captores se lo llevaron en su avioneta privada mientras otros huyeron en vehículos particulares.

En la segunda parte de su comunicación, Castaño anunció su renuncia a la representación política de las AUC, cargo que ocupaba al lado de Ernesto Báez desde junio del año anterior. "Ante sucesos como este y muchos otros que vienen cometiendo los diferentes grupos que conforman las Autodefensas Unidas de Colombia, como sus actividades del narcotráfico, he decidido no continuar representando políticamente a las AUC", dijo el mensaje de Castaño, quien anunció que seguiría al frente de los asuntos políticos de las Autodefensas Unidas de Córdoba y Urabá, ACCU.

Días después de este episodio, Castaño se reunió en Montería con algunos comandantes de las ACCU y aprovechó para visitar al ganadero, su viejo amigo y confidente, con quien sostuvo una larga charla.

—Descubrir que el secuestro de ese empresario era obra de comandantes que se habían comprometido a cambiar, rompió la confianza que Carlos había depositado en la recomposición de las AUC. Pero terminó comprobando que el movimiento de autodefensas no tenía cohesión y que cada quien hacía lo que le daba la gana. Carlos sabía que con ese comunicado se echaría encima buena parte de la organización, pero no se pudo contener.

Aún así, la llegada de Álvaro Uribe a la Casa de Nariño abrió nuevas perspectivas y tanto Castaño como los demás líderes de las autodefensas que estaban a su lado entendieron que podría haber un escenario propicio para su desmovilización. Al fin y al cabo Uribe había ganado en primera vuelta como consecuencia de la reacción popular al descalabro del Caguán y en sus primeras acciones de gobierno había esbozado algunas condiciones para sentarse a negociar con los paramilitares: cese el fuego, fin de las masacres y asesinatos selectivos y rompimiento definitivo con el narcotráfico.

Tras el anuncio presidencial, que daba a entender su decisión de negociar primero con los paras que con las FARC y el ELN, Castaño y Mancuso reunieron a otros 15 comandantes y pensaron en la manera más propicia para acercarse al nuevo comisionado para la paz, Luis Carlos Restrepo.

Sin embargo, las intenciones de los paramilitares sufrieron un inesperado revés el 24 de septiembre, cuando el secretario de Justicia de Estados Unidos, John Ashcroft, anunció en Washington la solicitud de extradición de Castaño, Salvatore Mancuso y Juan Carlos Sierra, quienes eran requeridos por la Corte Distrital de Columbia por hechos cometidos con posterioridad a diciembre de 1997, cuando fue restablecida la extradición.

Tal como lo habían vislumbrado tiempo atrás, el fantasma de la persecución por parte de Estados Unidos había aparecido de nuevo y ello obligó a los tres paramilitares a moverse con rapidez porque Uribe había anunciado en su campaña que la extradición era una herramienta valiosa para luchar contra el narcotráfico y que la aplicaría sin vacilación alguna.

La petición estadounidense golpeó de nuevo a Castaño, quien por segunda vez consideró en serio la opción de subirse a un avión y viajar a Miami para someterse a la justicia de ese país. Pero el miedo a pasar el resto de su vida en una cárcel lo movió, al igual que a Mancuso, a buscar la manera de salvarse en Colombia.

Los paramilitares encontraron en la Iglesia el aliado ideal para llegar a las más altas instancias del Gobierno. Tras la solicitud de extradición y la posibilidad de que llegaran otras antes de terminar el año, Castaño y el puñado de jefes de autodefensas que aún estaban con él entraron en contacto con el obispo de Montería, monseñor Julio César Vidal, quien los escuchó con atención y no dudó en servir de puente entre ellos y el comisionado Restrepo[18].

---

18 De tiempo atrás, Castaño sostenía relaciones cordiales con altos jerarcas de la Iglesia. Después de asumir el control

El prelado dialogó con la alta jerarquía de la Iglesia, que no sólo lo apoyó para seguir adelante sino que designó a otros cuatro obispos para acompañarlo en el proceso.

Al cabo de varias reuniones preparatorias entre los obispos y los paramilitares y los obispos y el comisionado para la Paz, las partes acordaron reunirse por primera vez en la mañana del 12 de noviembre de 2002, en una finca de la vereda Las Changas, al norte del municipio de Necoclí, en el Urabá antioqueño. Así ocurrió y durante cuatro horas el comisionado escuchó en silencio los planteamientos de Castaño, Mancuso y delegados de todos los jefes paramilitares del país.

Monseñor Vidal y los cuatro obispos que asistían al encuentro les propusieron a los paramilitares concentrar sus hombres en las regiones del país con mayor cantidad de cultivos ilícitos y desarrollar programas de erradicación. Los paramilitares estuvieron de acuerdo en explorar esa opción y anunciaron que estaban dispuestos a ordenar un cese total de hostilidades a partir del 1o. de diciembre siguiente.

Pocos días después, el presidente Uribe integró una comisión de seis personas para entrar en contacto con los comandantes de las AUC y definir una agenda para las negociaciones. En los siguientes meses hubo al menos seis reuniones en los campamentos de Castaño en el Nudo de Paramillo, en el sur de Bolívar y en San Pedro de Urabá, pero los paramilitares no estaban satisfechos porque los encuentros con los delegados gubernamentales se limi-

---

de las autodefensas de Córdoba y Urabá se hizo muy cercano al obispo de la región, Isaías Duarte Cancino, reconocido como conservador y tradicionalista. Años después, en marzo de 2002, cuando se desempeñaba como arzobispo de Cali, sicarios lo asesinaron en momentos en que salía de su iglesia.

taban a aspectos que ellos consideraban menores. Por el contrario, las autodefensas tenían urgencia de definir un marco jurídico para la negociación y, por encima de todo, saber qué pasaría con las solicitudes de extradición.

Entonces los paramilitares optaron por buscar un atajo y en la segunda semana de abril de 2003 convocaron a tres reconocidos penalistas al Nudo de Paramillo, donde los esperaban Carlos Castaño, Salvatore Mancuso, Diego Fernando Murillo, *Don Berna*, Ernesto Báez y otros miembros del Estado Mayor de la organización.

En los dos días siguientes, los jefes de las AUC hablaron con los tres abogados —entre quienes estaba Gustavo Salazar Pineda— sobre la necesidad de encontrar en la ley el piso jurídico necesario para negociar con el Gobierno y al mismo tiempo una salida legal para regresar a la vida civil sin el fantasma de la extradición. Los juristas se comprometieron a estudiar el asunto en absoluto secreto y llevar una propuesta lo más pronto posible.

Salazar y los otros dos abogados se encerraron durante dos meses a analizar el encargo de las autodefensas. Cuando ya tenían una idea clara de lo que se proponían hacer, Salazar y uno de sus colegas viajaron entre el 5 y el 17 de junio a Costa Rica para escribir la propuesta final, un proyecto de ley que sería presentado al Congreso el 20 de julio siguiente. El documento de 62 páginas, titulado "Las Autodefensas Unidas de Colombia, AUC, desde la perspectiva jurídica", era una bomba y así lo entendieron los comandantes de las AUC cuando Salazar se los presentó en el Nudo de Paramillo.

De entrada, la propuesta decía que si el Estado aceptaba buscarle una salida negociada al conflicto interno debía reconocer que los delitos cometidos por las AUC tuvieron motivos exclusivamente políticos. "Si buscar derrocar el régimen constitucional vigente es un delito político, también lo es pretender levantarse en armas para defenderlo, que es el caso específico, concreto e incuestionable de las autodefensas", decía el documento, antes de adentrarse en el espinoso tema de la extradición.

Y agregaba que "tanto el Gobierno Nacional como el Congreso de la República y la comunidad internacional deben entender que la declaratoria de movimiento político-militar de las AUC conlleva el tratamiento de delito conexo del narcotráfico y que los pedidos de extradición que pesan contra varios dirigentes de las AUC deben resolverse a través de la figura de la sedición y del delito conexo, haciendo improcedente, jurídicamente, e inconveniente, políticamente, la entrega de los nacionales pertenecientes a esta agrupación armada contrainsurgente".

Los comandantes de las AUC acordaron presentarlo por medio de uno de los congresistas afecto a la negociación y quien había dialogado en numerosas ocasiones con Castaño y Mancuso.

Sin embargo, la estrategia se fue al piso en la primera semana de julio, después de que la revista *Cambio* reveló la existencia del documento elaborado por los abogados contratados por las AUC. El Gobierno montó en cólera y el comisionado para la Paz viajó a exigirles una explicación a los comandantes paramilitares, que negaron sin éxito su participación en el asunto. El Gobierno entendió que las AUC buscaban hacerle conejo al proceso y saltarse de una vez la Corte Penal Internacional y el Estatuto de Roma aprobado en 2002 y que hacían imposible dictar leyes de amnistía o indulto para crímenes de guerra o lesa humanidad.

El debate terminó una semana después, el 15 de julio, cuando el comisionado para la Paz y nueve comandantes de las AUC firmaron el acuerdo de Santafé de Ralito, mediante el cual los jefes paramilitares aceptaron concentrarse en un futuro en un solo sitio y se comprometieron a promover la desmovilización de los frentes de las AUC en todo el país en un plazo no mayor a diciembre de 2005. A cambio, el Gobierno congelaría las solicitudes de extradición y buscaría presentar una iniciativa en el Congreso para resolver los problemas jurídicos de la negociación.

El accidentado proceso siguió adelante y el Gobierno cumplió su promesa de llevar al Congreso una iniciativa que denominó Ley de Alternatividad Penal, que no tardó en hundirse porque establecía un tibio marco jurídico para investigar, juzgar y condenar a quienes hubieran participado en la conformación de grupos armados ilegales, pero les concedía la libertad si contribuían a consolidar la paz. Posteriormente, en septiembre de ese año, el Gobierno presentó la llamada Ley de Justicia y Paz, que establecía el estatus político para las autodefensas y tasaba entre cinco y ocho años las penas de cárcel para los desmovilizados que quisieran acogerse a la norma.

Mientras la ley iniciaba su largo trasiego por el Congreso[19], en los campamentos paramilitares había empezado otra confrontación. Esta vez por la elaboración de la lista de comandantes de los paramilitares que serían escogidos como negociadores de las AUC y que posteriormente resultarían beneficiados con la suspensión de las órdenes

---

19 La polémica Ley de Justicia y Paz fue aprobada en junio de 2005 en medio de una fuerte discusión. La Corte Constitucional dejó sin piso buena parte de la norma, lo que causó un duro revés en el proceso de negociación con las autodefensas. El Gobierno se vio precisado a reglamentar los artículos que no fueron declarados inexequibles, pero Estados Unidos se opuso a que por medio de decretos los paramilitares fueran declarados delincuentes políticos y que les impusieran penas de cárcel muy leves.

de captura y la congelación de los requerimientos de extradición.

Ahí fue Troya. Castaño expresó su indignación cuando supo que de tiempo atrás su hermano Vicente y Diego Murillo Bejarano, *Don Berna*, les estaban vendiendo franquicias a reconocidos narcotraficantes para permitirles usar brazaletes de las autodefensas y presentarse como miembros de la organización. La molestia de Castaño fue mayor al enterarse de que en el exclusivo club de comandantes de las AUC aparecían los hermanos Miguel Ángel y Víctor Manuel Mejía Múnera, *Los Mellizos*, quienes eran requeridos en extradición por Estados Unidos, así como Javier Zuluaga Lindo, *Gordolindo*, también solicitado desde 1999 por jueces estadounidenses, y Guillermo Pérez Alzate, *Pablo Sevillano*.

Tras la negociación con Los Mellizos, que al parecer pagaron dos millones de dólares por convertirse en paramilitares, las AUC los designó comandantes del Bloque Vencedores de Arauca. "Esas eran zonas en las que nadie se quería meter y ellos lo hicieron", dijo Vicente Castaño días después en una entrevista. Gordolindo, por su parte, apareció como comandante del Bloque Pacífico y Pablo Sevillano en el Bloque Libertadores del Sur.

Días más tarde, Carlos Castaño se encontró con un escenario que él había imaginado pero que nunca pensó llegaría tan lejos: como iban las cosas, la mesa de negociación de las AUC con el Gobierno estaría llena de narcotraficantes camuflados como autodefensas.

A partir de ese momento, Castaño perdió el control y sostuvo encarnizadas discusiones con los demás miembros del Estado Mayor Negociador, quienes empezaron a alejarlo de las deliberaciones. Además, los contradictores de Castaño decían que él también había vendido dos franquicias: las de Miguel Arroyave y Martín Llanos, quienes ejercían su poder en los Llanos Orientales.

Aún así y pese a la aguda confrontación interna, el estado mayor de las AUC le permitió a Castaño grabar un video que fue presentado el 25 de noviembre en Medellín cuando se produjo la desmovilización del Bloque Cacique Nutibara, liderado por Diego Murillo Bejarano, *Don Berna*, quien de paso sorprendió a más de uno cuando dijo en forma tajante que no estaba dispuesto a pasar un solo día en la cárcel.

Ante semejante panorama, Castaño se las arregló para organizar una nueva visita del abogado Joaquín Pérez a su campamento de San Pedro de Urabá, quien lo representaba ante la justicia de Estados Unidos después de la solicitud de extradición. El episodio quedó registrado en un artículo de tres páginas que el periodista Dudley Scott publicó en la revista *Poder* que circuló en Miami entre finales de diciembre y enero de 2004, pero que no fue reproducido en Colombia por ningún medio de comunicación.

En el relato al periodista estadounidense, Pérez reflejó el franco deterioro de Castaño en la organización y reveló algunas frases que no dejaban duda de la cada vez más reducida capacidad de acción del otrora poderoso jefe paramilitar.

—Tengo poder de convocatoria, aunque no se acaten mis órdenes, como nunca se acatarán tampoco en una confederación como estas, pero tengo la capacidad de liderar y mis orientaciones son escuchadas —le dijo Castaño al abogado.

—No sé qué va a suceder en el largo plazo porque creo que mientras más socava la base política de las AUC más está cavando su propia tumba —explicó Pérez al periodista Scott—. Es casi como si se estuviera abriendo paso a una posición inexistente [...] se va a convertir en un problema para mucha gente y no van a faltar los que prefieran verlo muerto que viviendo en Estados Unidos.

—Si es por narcotráfico no tengo miedo de enfrentarme a la justicia de Estados Unidos —dice una de las frases de Castaño al abogado Pérez publicada en el artículo—. Incluso creo que el pedido de extradición me da la posibilidad de demostrarle al mundo que nunca he sido un narcotraficante. Y puedo ser un hombre digno ante la sociedad.

"Pérez sabe que Castaño está encerrado en un laberinto hecho de cadáveres legales y políticos. Mantener a su cliente fuera de la cárcel puede ser el reto más grande que Pérez ha enfrentado en toda su vida. Mantenerlo vivo puede ser imposible", decía el último párrafo del artículo del reportero, sin saber que en poco tiempo habría de convertirse en una especie de premonición.

Al comenzar 2004, la situación de Castaño era insostenible. A tal punto que después de ofrecer una entrevista en la que, entre otras cosas, dijo que "si continúan los enfrentamientos internos entre autodefensas y las diferencias personales entre sus dirigentes, difícilmente podría desarrollarse un proceso que pueda ser presentable", el Estado Mayor Negociador le prohibió dar entrevistas a nombre de la organización y le exigió pedir permiso para escribir en la página de Internet, colombialibre.org

En estas dramáticas circunstancias se encontraba Castaño aquella mañana de febrero de 2004 cuando los autores de este libro lo visitamos en la pequeña finca de las estribaciones del Nudo de Paramillo.

A partir de ahí empezó la cuenta regresiva para Castaño, que quedó atrapado en medio de dos docenas de nuevos miembros de las AUC de los que sólo sabía que eran pesos pesados del narcotráfico.

En medio de este ambiente adverso, el 30 de marzo siguiente Castaño tomó la decisión de marginarse de la mesa de negociación y darles paso a sus más enconados enemigos, los comandantes del Bloque Central Bolívar, los mismos a quienes en junio de 2002 había señalado como narcotraficantes. Castaño empeoró aún más su situación porque envió su lacónico mensaje de renuncia con monseñor Vidal y el comisionado para la Paz, Luis Carlos Restrepo.

La sorpresiva dimisión y el hecho de que Castaño no se hubiera presentado personalmente a entregar la carta produjo malestar entre los paramilitares, que no desaprovecharon la ocasión para pasarle una cuenta de cobro. "Decidimos crear un estado mayor que realmente funcionara", dijo Salvatore Mancuso cuando los periodistas le preguntaron por los motivos de la renuncia de Castaño. Al día siguiente, las AUC divulgaron los nombres de los diez comandantes que integrarían la mesa de negociación con el Gobierno. En la lista, por primera vez desde la fundación de las autodefensas, no aparecía el nombre de Castaño.

La desconfianza se apoderó de los jefes paramilitares, que no descartaron que Castaño cumpliera su vieja pretensión de someterse a la justicia norteamericana para resolver su situación jurídica, algo que podría comprometerlos de manera grave. Por eso varios de los antiguos compañeros de batalla de Castaño decidieron sacarlo del camino definitivamente.

Mientras tanto, una noche de los primeros días de abril de 2004, un médico de Montería fue despertado en forma abrupta por un hombre que le pidió acompañarlo hasta el campamento[20] de Carlos Castaño, quien requería atención porque había sufrido una herida en la mano derecha.

---

20 La ansiedad de Castaño en la última etapa de su vida por salir del lugar donde prácticamente estaba encerrado lo llevó incluso a cambiarle el nombre a su finca de San Pedro de Urabá. El lugar era conocido como La 28, pero de un momento a otro lo bautizó como La Ciudad.

Horas más tarde el médico examinó al jefe paramilitar y encontró que se había roto el tendón extensor del dedo medio de la mano derecha cuando bajaba de una lancha y la hélice lo golpeó.

El médico puso una férula para inmovilizar el dedo afectado, pero Castaño le pidió que le pusiera un yeso porque de lo contrario no sanaría nunca. Así ocurrió y muy pronto Castaño terminó hablando a solas con el médico, que le merecía toda su confianza.

Entonces, el jefe paramilitar le dejó leer a su interlocutor algunos párrafos de una carta que ese día se proponía enviarle al comisionado para la Paz, Luis Carlos Restrepo, en la que explicaba las razones por las cuales se había marginado de toda actividad relacionada con la negociación. "Yo no me siento en la misma mesa con narcotraficantes. Esto va camino de un abismo y no quiero presenciar semejante desastre", decía uno de los párrafos de la comunicación, que no se sabe si fue enviada al comisionado.

Luego el médico le preguntó a Castaño por su situación dentro del movimiento.

—Mire, esto cada vez va peor. Si hasta *Macaco* —Javier Montañés— me amenazó de muerte. Y qué decir de Berna, que es un monstruo —resumió Castaño, molesto.

Días después, en la noche del 16 de abril, en varias residencias de Montería hubo un revuelo inusitado. En pocos minutos corrió la voz y se supo que en la casa de una prestante familia de la ciudad, cercana a Castaño, se encontraba Kenia Gómez con su pequeña hija Rosa María.

El asunto fue guardado en el más absoluto secreto porque la atribulada mujer les relató que ese día se había producido un atentado contra su esposo, Carlos Castaño, quien según le dijeron fue asesinado. Agregó que al parecer los homicidas también la estaban buscando.

Kenia contó que logró escapar con un escolta, quien le recogió cerca del lugar donde había caído Castaño y la llevó hasta Montería. En las siguientes horas y mientras en el país sólo se hablaba de la desaparición del jefe paramilitar, varias familias monterianas adelantaron gestiones de alto nivel para sacar a la mujer y a su hija de la ciudad.

Así ocurrió poco después, cuando monseñor Julio César Vidal localizó al comisionado para la Paz, Luis Carlos Restrepo, y le contó que la viuda de Castaño requería ayuda urgente porque la podían matar en Montería.

La Defensoría del Pueblo intervino y horas después Kenia y Rosa María fueron conducidas a la Brigada 11 del Ejército donde las protegieron hasta cuando la Embajada de Estados Unidos aceptó trasladarlas a ese país y les otorgó el estatus de refugiadas políticas[21].

---

21 En septiembre de 2006, 17 meses después de la desaparición de Castaño, Jesús Roldán, *Monoleche*, reveló desde la zona de concentración paramilitar de La Ceja, en Antioquia, que él había asesinado a Carlos Castaño por orden de su hermano mayor, Vicente. Las aseveraciones de Monoleche, hombre de confianza de Vicente Castaño, fueron ratificadas por ocho de los hombres que participaron en el asesinato en el sentido de que Vicente ordenó el crimen y luego dispuso el entierro de los restos en una fosa común. Desde la clandestinidad, Vicente Castaño habló con varios medios de comunicación, negó su responsabilidad en el crimen y se refirió a la molestia que causaban en las AUC los contactos de su hermano con Estados Unidos. Dos de las entrevistas fueron con el diario *El Tiempo* y la revista *Semana*.

—Carlos hablaba abiertamente de la relación con los gringos —dijo al responder un cuestionario de *El Tiempo* por Internet—. Es más, él estuvo acompañado varios años de un

respetado señor y siempre lo presentaba como un alto funcionario de la CIA. Nosotros nunca ocultamos nada, Carlos simplemente lo mostraba.

—No, sólo sabía que Carlos estaba trabajando con las autoridades americanas, esto era conocido por casi todos los
comandantes, porque Carlos lo reiteraba y contó de varias
acciones realizadas por organismos del Estado con autoridades americanas, acciones exitosas debido a sus ayudas, por
ejemplo: la captura de Víctor Patiño y uno de los hermanos
Rodríguez Orejuela. Además, nos propuso a varios comandantes, entre ellos Mancuso, la teoría de la Iguana "sacrificar
la cola para salvar el resto del cuerpo". La propuesta inicial
era la entrega de Hernán Giraldo. Nuestra respuesta fue con-
tundente: que nos hundíamos todos o nos salvábamos todos
—le dijo a *Semana*.

Alerta temprana

Poco después de las 5:00 a.m. del 13 de octubre de 1999, el insistente repicar del teléfono despertó alarmada a Marta Nieves Ochoa[1]. Al otro lado de la línea estaba Beatriz González, la esposa de su hermano Fabio, quien en medio del llanto hizo un corto relato de lo que acababa de ocurrir.

—Marta, a Fabio se lo llevó la Policía. Con la DEA allanaron la casa y le leyeron una orden de captura por tráfico de drogas. Dijeron que se trataba de una operación muy grande. No sé dónde lo tienen ni qué va a pasar con él —relató la atribulada mujer.

Marta Nieves Ochoa escuchó en silencio a su cuñada y trató de calmarla sin éxito al tiempo que se comprometió a

---

1 En noviembre de 1981, Marta Nieves Ochoa fue secuestrada por guerrilleros del M-19. El episodio desencadenó el origen del movimiento clandestino Muerte A Secuestradores, MAS, considerado el primer grupo paramilitar del país. En poco tiempo, medio centenar de subversivos fueron muertos o detenidos hasta que el M-19 la dejó en libertad. Desde entonces, Marta Nieves se ha convertido en una especie de matrona de la familia.

hacer algunas averiguaciones para establecer la gravedad de la acusación por narcotráfico contra su hermano menor. Luego de terminar la llamada prendió la radio y sintonizó una cadena nacional de noticias, pero no escuchó reporte alguno sobre la operación antidrogas de la Policía y la DEA.

Visiblemente consternada se asomó al enorme ventanal de su casa, en uno de los sectores más exclusivos de El Poblado, desde donde se divisa buena parte de la ciudad de Medellín. El despuntar de las primeras luces del sol que presagiaban un buen día le trajo a la memoria, como si se tratara de una película de terror, la pesadilla que vivió con su familia años atrás, cuando sus tres hermanos hombres se metieron de lleno en el negocio del narcotráfico y se convirtieron en socios de Pablo Escobar en el Cartel de Medellín.

A solas y mientras los demás miembros de su familia dormían sin saber lo que había ocurrido, Marta Nieves recordó la dura batalla que ella, sus otras dos hermanas y sus cuñadas libraron al comenzar la década de los noventa para convencer a Juan David, Jorge Luis y Fabio de dejar sus andanzas y aceptar el sometimiento a la justicia que les ofrecía el gobierno del entonces presidente César Gaviria a cambio de la terminación de la llamada narcoguerra, desatada contra la extradición de Pablo Escobar, Gonzalo Rodríguez Gacha y sus ejércitos de sicarios que por aquella época sembraban el país de víctimas inocentes con la activación de decenas de carros bomba y el asesinato selectivo de periodistas, policías, jueces y candidatos presidenciales.

La guerra parecía no tener retorno y por ello Marta Nieves y su familia respiraron aliviados cuando los tres hermanos Ochoa Vásquez optaron por salvarse de una extradición o muerte seguras[2]. El primero en someterse a

---

2 La guerra desencadenada por Pablo Escobar no le dejó otra opción al Estado que buscar salidas jurídicas para lograr

la justicia fue Fabio, quien se entregó el 19 de diciembre de 1990. En las semanas siguientes lo hicieron Juan David y Jorge Luis.

Tras confesar sus delitos y recibir una condena promedio de siete años de prisión, que en ese momento fue calificada como suficiente, los hermanos Ochoa pasaron al olvido en la cárcel de alta seguridad de Itagüí. En contraste con la vida austera que asumieron en su encierro, no lejos de allí, en Envigado, Escobar cometía todo tipo de desafueros en la cárcel de La Catedral[3], adonde había sido conducido tras someterse a la justicia el 19 de junio de 1991, casi al mismo tiempo en que la Asamblea Constituyente convocada por Gaviria modificó la Constitución y sepultó la figura de la extradición.

El escándalo por los abusos de Escobar y sus principales lugartenientes fue tal que al Gobierno no le quedó otra opción que ordenar la ocupación del penal, pero el capo

---

el sometimiento de Escobar. Después de un largo forcejeo con los abogados del capo, entre 1990 y 1991, el ministro de Justicia de entonces, Jaime Giraldo Ángel, expidió tres decretos en los que estableció un marco jurídico para juzgar a los miembros del Cartel de Medellín y garantizó que no extraditaría a Escobar.

3 Desde el momento en que fue recluido en La Catedral, que entre otras cosas fue levantada en un terreno de su propiedad, Escobar cometió todo tipo de excesos. Inicialmente, consiguió que le permitieran escoger a los guardias carcelarios que debían cuidarlo. Luego modificó las instalaciones del penal y construyó alcobas con jacuzzi, cantinas y un moderno sistema de seguridad que le informaba de movimientos extraños a gran distancia. También desencadenó una ola de terror que incluyó decenas de asesinatos dentro La Catedral, al tiempo que continuó manejando el tráfico de cocaína.

creyó que podría morir en la operación militar ordenada por el presidente y entonces optó por huir[4].

Con Escobar haciendo de las suyas nuevamente, pero perseguido como nunca antes por las autoridades, desde las frías celdas de la prisión, pero a salvo, los tres hermanos Ochoa vieron a distancia el derrumbe de su antiguo socio y la destrucción del poderoso Cartel de Medellín[5].

Seis años después de su sometimiento a la justicia, los hermanos Ochoa empezaron a salir de la cárcel por haber cumplido la mayor parte de sus penas. Entonces hicieron un pacto con sus familias para iniciar una nueva vida y desaparecieron sin hacer mayor aspaviento. Y para que esa promesa no se rompiera, sus esposas y hermanas se convirtieron en celosas vigilantes de cada uno de sus pasos.

Por todo esto Marta Nieves Ochoa no podía dar crédito a las palabras de su cuñada cuando esa madrugada de octubre de 1999 le informó de la captura de Fabio, quien lloró desconsolado al despedirse de sus dos hijos cuando

---

4 El capo, su hermano Roberto y sus principales lugartenientes escaparon por la parte de atrás de La Catedral en la madrugada del 22 de julio de 1992, con la complicidad de soldados del Ejército que, luego se comprobó, recibieron soborno.

5 Tras la fuga de Escobar, la guerra adquirió proporciones dramáticas. Pero la acción del Bloque de Búsqueda de la Policía, la colaboración de los capos del Cartel de Cali y el surgimiento del grupo clandestino Perseguidos por Pablo Escobar, Pepes, conformado por enemigos del capo que antes trabajaban con él, produjo la caída inicial de los principales hombres que dirigían las redes de sicarios y los anillos de seguridad que le permitían moverse con seguridad en Medellín y sus alrededores. Finalmente, solo y aislado, Escobar fue localizado en una vivienda por un grupo especial de la Policía que lo abatió a tiros cuando trataba de escapar por un tejado.

los oficiales de la Dijín que ingresaron a su apartamento para capturarlo le dijeron que habían recibido la orden de trasladarlo a Bogotá.

Aún así, muy pocas horas después la familia estaba frente a una realidad de a puño: en efecto, según reportaron los altos mandos de la Policía en una extensa rueda de prensa, Fabio Ochoa había sido detenido en la Operación Milenio, desarrollada durante más de un año por la Policía de Colombia y un grupo especial de agentes de la DEA, que capturaron a 31 personas. En la enorme redada participaron más de 200 uniformados, que de manera simultánea ocuparon 76 edificios en Bogotá, Cali y Medellín. Milenio fue una investigación ligada al tráfico de drogas dentro de Estados Unidos que apuntaba a detener a los grandes proveedores de cocaína que habían logrado enviar cientos de toneladas de droga al mercado estadounidense a través de la frontera con México.

Entre el grupo de capturados la Policía destacó con todo tipo de detalles las de Fabio Ochoa Vásquez y Alejandro Bernal Madrigal, *Juvenal*, a quienes señaló como cabezas de la organización, y explicó que la Operación Milenio era el resultado de una paciente tarea de seguimiento de los integrantes de la red, que se reunían en las oficinas de Bernal, en una casa del exclusivo sector de la calle 97 con carrera 9a., al norte de Bogotá, desde donde coordinaban los embarques de droga y el lavado de activos.

Para lograr su cometido, los agentes encubiertos de la Policía y la DEA lograron penetrar la sede de la empresa de Juvenal e instalaron numerosos micrófonos en los dos pisos de la edificación. De esta manera grabaron centenares de horas de conversación entre Juvenal, Ochoa y los demás miembros de la organización, que serían utilizadas más adelante para engrosar el expediente abierto en Miami contra los implicados.

Pero si en Medellín el Clan Ochoa lloraba la detención de uno de sus miembros, en los cuarteles centrales de la Policía colombiana en Bogotá tampoco había muchos motivos para celebrar.

Aun cuando Fabio Ochoa Vásquez era considerado un trofeo y ya estaba tras las rejas y a las puertas de la extradición, los resultados finales de la Operación Milenio dejaban un mal sabor entre los investigadores porque habían logrado escapar cuatro importantes narcotraficantes considerados vitales para el desmantelamiento total de la organización.

Los oficiales encargados de la redada no entendían cómo habían evadido el cerco de los grupos de choque que ingresaron con una precisión milimétrica a las casas, apartamentos y oficinas de los sospechosos. Es más, la DEA suministró los más sofisticados equipos de comunicación para que los oficiales encargados de las detenciones estuvieran al tanto de cada uno de los detalles que ocurrían a su alrededor.

Además, dos aviones plataforma habían sobrevolado durante toda la noche Bogotá, Medellín y otras ciudades del norte del país y enviaban imágenes a una central de comunicaciones en el corazón de la capital, desde donde un alto oficial seguía paso a paso los acontecimientos y daba las órdenes de desembarco de los helicópteros que sobrevolaban las propiedades donde estaban sus objetivos.

Fue ese enorme despliegue el que causó indignación porque los últimos monitoreos indicaban que Carlos Ramón Zapata, Óscar Campuzano, Juan Gabriel Úsuga y Bernardo Sánchez Noreña dormían en sus residencias.

La Operación Milenio tenía el doble rótulo de confidencial y ultrasecreta. Muy pocos oficiales conocían en detalle el plan de acción diseñado para la captura de las personas involucradas. Los grupos de asalto tampoco sabían con antelación el trabajo que tenían que realizar y sólo fueron enterados de ello un par de horas antes de abordar las aeronaves que los llevarían al objetivo.

Entonces, como había ocurrido en la época más aciaga de la persecución de los jefes de los carteles de Medellín y Cali, cuando los capos sabían con anticipación el desarrollo de acciones en su contra, la Policía contempló de inmediato la posibilidad de que se hubiera producido fuga de información. Por esa razón, el servicio de contrainteligencia inició en sigilo una investigación para establecer la manera como los cuatro narcotraficantes obtuvieron los datos que les permitieron escapar.

No fue necesario esperar el resultado de la investigación porque a mediados de diciembre de 1999, dos meses después de la Operación Milenio, la Policía supo la verdad luego de que un hombre, que trabajaba como informante confiable y que había dado datos certeros sobre el esquema de funcionamiento de los pequeños carteles que emergieron tras la desaparición de las poderosas organizaciones de Cali y Medellín, les reveló una historia que parecía sacada del libreto de una película hecha en Hollywood.

—Ese informante asegura que estuvo en Panamá en una reunión en el hotel Marriot y presenció el momento en que agentes de la DEA y del FBI les ofrecían a los capos de la droga de Colombia una salida negociada en Estados Unidos a cambio de entregar parte de sus fortunas y colaborar estrechamente con ellos para lograr el decomiso de cargamentos de cocaína a cambio de una pena de prisión corta —relató el oficial que habló con el delator.

Pero eso no fue todo. El informante contó que entre los asistentes a esa reunión en Panamá estaban los narcotraficantes que escaparon a la Operación Milenio.

—Mi coronel, pero nos sorprendimos todavía más cuando el informante nos contó que uno de los narcos prófugos dijo en esas reuniones que una mujer los había llamado desde Miami para avisarles que huyeran porque muy pronto iba a ocurrir algo grande.

Aun cuando se comprometieron a indagar en Miami por la identidad de la delatora[6], la Policía consideró resuelto el enigma de la filtración de datos en Colombia. Así, los oficiales que participaron en Milenio y los agentes de la DEA se concentraron en proporcionarles a los fiscales de la Florida las pruebas que habían recopilado contra Fabio Ochoa y los demás incriminados con el fin de facilitar el proceso de extradición.

Superada la crisis inicial, la familia Ochoa en pleno se reunió para estudiar una estrategia encaminada a defender a Fabio Ochoa en Colombia y evitar por todos los medios su extradición a Estados Unidos. En la tercera semana de octubre, varios miembros del clan hablaron con él en la cárcel La Picota de Bogotá y éste les juró que había cumplido la promesa de no volver a traficar. En medio del llanto, Fabio Ochoa les dijo a sus parientes que las acusaciones en su contra no tenían fundamento y que desde su sometimiento a la justicia siempre recordó una frase del sacerdote Rafael García Herreros, quien desempeñó un papel definitivo en ese proceso[7]: "Mijitos, ustedes se

---

6 Después de investigar el asunto, la Policía colombiana estableció tiempo después que Luz Stella Ossa, segunda esposa de Arturo Piza, se comunicó desde Miami con Carlos Ramón Zapata —uno de los narcotraficantes incluido entre los objetivos de la Operación Milenio— y le dijo que algo muy grande iba a ocurrir en Colombia y que le aconsejaba perderse.

7 El sacerdote eudista Rafael García Herreros, quien murió en noviembre de 1992, fue determinante para lograr que Escobar aceptara someterse a la justicia. García viajó a Antioquia en varias ocasiones para hablar con el capo o sus emisarios y poco a poco, a través de mensajes cifrados que le

tienen que mirar al espejo todos los días cuando vengan a ofrecerles negocios y decir no".

Mientras la familia analizaba lo que acababa de ocurrir, Jorge Luis Ochoa recordó varios episodios que le parecieron sospechosos en los días previos al desarrollo de la Operación Milenio.

Uno de ellos se produjo en los primeros días de octubre —poco antes de la Operación Milenio—, con la inesperada visita a la hacienda La Loma, en la parte alta del municipio de Envigado, de Graciela Vizcaya, una abogada colombiana que desde hacía muchos años vivía en Estados Unidos y era ampliamente conocida en el mundo del narcotráfico porque había manejado con éxito dos negociaciones claves: la de Carlos Lehder en 1991 y, una más reciente, la de Orlando Sánchez Cristancho[8].

En efecto, la abogada Vizcaya logró un acuerdo entre Lehder y el gobierno estadounidense para testificar en el juicio contra el ex presidente de Panamá, Manuel Antonio Noriega[9], a cambio de un mejoramiento de sus condiciones

_____

enviaba por su espacio en televisión El Minuto de Dios, ablandó al jefe del Cartel de Medellín y logró que éste aceptara estudiar salidas jurídicas hechas a su medida para suspender el baño de sangre que por aquella época aterrorizaba al país.

8 Ver capítulo Las negociaciones.

9 Manuel Antonio Noriega fue depuesto después de que tropas de Estados Unidos invadieron Panamá en la noche del 19 de diciembre de 1989, pero sólo dos semanas después, el 4 de enero de 1990, fue capturado en Ciudad de Panamá y trasladado a Miami. El dictador había convertido el país en refugio de todo tipo de delincuentes y se hizo socio de Lehder y de los principales capos del Cartel de Medellín. También permitió que el M-19 montara una base de operaciones en ese país.

carcelarias. El régimen era tan severo que durante largas temporadas los reclusos no tenían derecho a hablar entre ellos y sólo una vez a la semana podían recibir el sol, metidos en una jaula de un metro cuadrado. Además, las celdas de los reos, entre ellas la de Ledher, estaban bajo tierra y en las noches los esposaban de la mano derecha a uno de los tubos de la cama.

El encierro había hecho tanta mella en el narcotraficante que no se opuso a prestar una eficaz colaboración en el juicio contra Noriega[10]. Meses después, el Buró de Prisiones trasladó a Lehder de la cárcel de máxima seguridad de Mariot, Illinois, donde estaban confinados los 150 presos más peligrosos de Estados Unidos, y lo recluyó en una prisión de mediana seguridad en condiciones más benignas.

Por estos antecedentes y por la intriga que le produjo el hecho de que la abogada Vizcaya llegara a la hacienda La Loma sin llamar previamente, fue que Jorge Luis Ochoa aceptó recibirla. Cuando estuvieron sentados en dos mecedoras en un extremo de la casa y con amplia vista panorámica sobre el Valle de Aburrá, la visitante explicó que había viajado desde Miami porque tenía que tratar un asunto urgente con la familia. Luego de hacer un resumen de sus actividades en Estados Unidos, la abogada fue de inmediato al grano porque, según ella, muy temprano al día siguiente tenía vuelo de regreso a la Florida.

—Mire, Jorge, conozco a muchos abogados en Miami. Son importantes... con influencia en las cortes y la Fiscalía. Conozco a agentes de la DEA que tienen la misión de pensar

---

10 Al cabo de un juicio sumario por tráfico de drogas, Noriega fue condenado a 40 años de prisión, pero tiempo después la sentencia se redujo en diez años. Se estima que puede recuperar la libertad en 2007.

todo el día en cómo combatir el narcotráfico en Colombia. Conozco a Baruch Vega, quien trabaja para el Gobierno de Estados Unidos. Conozco a varios de los más importantes abogados que están representando a la gente de aquí que decidió negociar allá. He ayudado en la entrega de varias personas que decidieron solucionar sus problemas en Estados Unidos. Todo esto se lo digo porque ustedes sólo tienen una salida: negociar con las autoridades americanas. Lo de Colombia apenas fue un paso. Les falta dar el segundo. Eso vale plata. Mucha. Pero, si no lo hacen, tarde o temprano los gringos vendrán por ustedes. Y el camino a seguir es que acepte una reunión con Baruch —dijo la abogada Vizcaya al terminar su monólogo.

Ochoa guardó silencio por unos instantes y luego de dejar un vaso sobre la mesa respondió en tono vehemente.

—Con ese señor Vega mi familia y yo no tenemos nada qué negociar. Hicimos un pacto con el Gobierno, nos entregamos, pagamos nuestras penas y ahora estamos cumpliendo con nuestro compromiso de no seguir en el negocio del narcotráfico. Entonces, no tengo nada qué negociar con el señor Baruch.

La abogada trató de interrumpir a Ochoa, pero éste continuó sin parar:

—Gracielita, mi familia no tiene esa tonelada de plata de la que habla usted para entregarles a los gringos. Entonces no pierda usted tiempo porque no tenemos nada qué negociar —dijo de manera concluyente. Tanto, que la visitante se vio forzada a despedirse y salir de La Loma.

Ahora, después de reflexionar con su familia sobre los alcances de la sorpresiva visita de la abogada Vizcaya, Jorge Luis Ochoa reparó en otro episodio que sucedió en la noche del mismo día en que la jurista lo visitó en la hacienda.

Según su relato, cuando acababa de cerrar uno de los establos donde permanecían algunos caballos de paso fino, llegó su hermano Fabio y le contó que esa tarde había hablado por teléfono con Baruch Vega.

—Jorge, Baruch me mandó numerosas razones y después de pensarlo mucho acabo de hablar con él. Sorpréndase: me dijo que si no solucionamos nuestras cuentas con Estados Unidos las cosas se pueden complicar; que todavía estamos a tiempo de hacerlo. También dijo que algunas personas muy poderosas dentro del negocio del tráfico de drogas lo estaban haciendo. Advirtió que eso vale mucha plata, unos 30 millones de dólares —terminó el menor de los Ochoa.

Inquieto, Jorge Luis le dijo a Fabio que algo estaba ocurriendo porque no era normal que ese mismo día Graciela Vizcaya le hubiera hablado del mismo asunto. Por eso propuso ponerle punto final al tema, pero había que estar alerta.

—Fabio, deje de hablar con esa gente porque lo que quieren es sacarnos plata. Con los gringos no hay nada qué negociar porque no le debemos nada a nadie. Cómo se le ocurre que ellos van a recibir dinero para dejar las cosas como si nada. Ese cuento no se lo come nadie. Y que todavía estamos a tiempo. ¿De qué cosa podemos estar a tiempo?

Luego de narrar los dos episodios que antecedieron a la captura de Fabio, los Ochoa estuvieron de acuerdo en que debían actuar con cautela porque no era descartable una nueva operación de las autoridades para capturar a Jorge Luis o a Juan David, los otros dos hermanos que saldaron sus cuentas con la justicia años atrás. Para protegerse, por si acaso, los dos hermanos Ochoa se propusieron grabar todas las conversaciones que sostuvieran a partir de ese día con quienes se les acercaran a hablarles de negociar con Estados Unidos.

Los Ochoa entendieron que estaban inmersos en una situación que no podían controlar y por eso buscaron viejos contactos para encontrar un abogado que les ayudara a resolver la crisis generada por la inesperada captura de Fabio. Rápidamente llegaron al nombre de Joaquín Pérez, el abogado de Miami que por aquella época había ganado fama por conducir con éxito las negociaciones de algunos narcos colombianos, entre ellos Arturo Piza, Julio Fierro y Guillermo Ortiz. Además, en Medellín ya se sabía que Pérez había establecido contacto con el cada vez más poderoso comandante de las autodefensas, Carlos Castaño.

Luego de varios días de charlas continuas con la familia y en particular con Marta Nieves, Jorge Luis y Juan David, el abogado Pérez sugirió tomar el toro por los cuernos y buscar un acercamiento con Estados Unidos con el doble objetivo de establecer si sus cuentas con ese país seguían pendientes y la veracidad de las pruebas contra Fabio. Además, les dijo que era inevitable buscar a Baruch Vega porque, en su concepto, él tenía contactos de alto nivel en Washington que podrían ser muy útiles.

Así, al tiempo que la familia empezó a visitar con frecuencia a Fabio en La Picota, Pérez acudió a la Embajada estadounidense en Bogotá y solicitó una audiencia con un funcionario de alto nivel que estuviera en capacidad de hablar directamente con los hermanos Ochoa.

Mientras la gestión avanzaba en medio de total sigilo, Jorge Luis Ochoa fue abordado en Medellín por Pepe Campuzano, un hombre de mediano poder en el mundo del narcotráfico, hermano de Óscar, uno de los mafiosos que según la Policía había logrado escapar a la redada de octubre anterior. En realidad, el encuentro no pareció casual porque Ochoa entendió de inmediato que su interlocutor le llevaba un mensaje de alguien. La locuacidad de Campuzano fue tal que habló sin parar durante un buen rato, sin darse cuenta de que sus palabras eran grabadas por su interlocutor.

—Jorge, días antes de esa operación tan hijueputa, Baruch nos había dicho que teníamos problemas. Entonces Óscar y yo nos fuimos con él para Panamá. Nos pidió la cédula y la fecha de nacimiento. Con esa vaina averiguan todo. Allá le piden una plata, 200.000 dólares, para el abogado, para que el tipo lo represente a uno en la Corte. Usted se junta con ellos y les dice: Hermano, nosotros queremos arreglar el problema.

—Ese man, Larry Castillo, es muy importante. Ese tipo es el duro en Washington. Él es quien maneja todo. A ese señor Larry hay que decirle lo que se quiere arreglar. A ese tipo hay que confesarle todo. Uno no se las puede dar de avispa porque después lo joden. Eso sí, queda muy claro que si uno apretó el gatillo y fue un sicario y mató gente y trató de meterse con agentes gringos, olvídese del arreglo, porque ese señor Larry de una vez le dice que con sicarios no hay ningún arreglo. Es que eso es tan verraco que está avalado por la propia señora Janet [Reno], mejor dicho, por gente muy poderosa en Estados Unidos.

Campuzano interrumpió por un momento su relato y Ochoa aprovechó para preguntar la razón por la cual estaba en Medellín si ya había negociado en Estados Unidos.

—No, la negociación está en curso. Mire, según nos han explicado, el procedimiento es sencillo. Uno va a la Corte y le ponen un sello. Es como si se hubiera pagado una fianza y con eso uno se puede mover fácil. Entonces empieza la parte de uno, o sea, que ahí empieza a colaborar. En mi caso, que no es grave, me dijeron que me permitirían regresar a Colombia por unos días.

Cuando Campuzano terminó de explicar el procedimiento, Ochoa preguntó en qué consistía la colaboración que exigían las autoridades estadounidenses.

—Una parte importante es que caiga droga. Por ejemplo, los agentes están haciendo un operativo, digamos por 500 unidades. Entonces dicen: "Vean, vamos a coger 500 unidades que valen 300.000 dólares. Eso es para adjudicárselo a usted". ¿Vio los que cayeron en Santa Marta? Me dijeron que esos ya están pagos. Y después llega la factura, porque esa es la forma en que ellos nos resocializan. Hubo un hombre que compró como un putas. Eso es muy bravo porque es harto billete pero usted sabe que todos se van a caer. A uno no le dan nada, sólo una bonificación pendeja.

Mientras Campuzano hablaba sin parar, Ochoa reflexionó que el asunto era muy importante ya que estaba al frente de un hombre que en el pasado purgó nueve años de cárcel en Costa Rica porque se negó a negociar en razón a que estaba obligado a delatar a sus socios. Ahora las cosas eran distintas. Campuzano, o *El Flaco*, como era conocido entre los narcos, se había consolidado en el negocio al lado de Alejandro Bernal y no ocultaba su tranquilidad ahora que estaba en proceso de arreglar su situación.

Ochoa interrumpió otra pausa en la conversación y no pudo evitar que Campuzano notara su curiosidad. Necesitaba saber si las altas esferas de Washington respaldaban las gestiones de los funcionarios que habían entrado en contacto secreto con los narcos colombianos.

—¿Él [Larry Castillo] te dijo que era avalado por ella [Janet Reno]? —preguntó Ochoa.

—Sí, hermano —respondió Campuzano, seguro—. Entienda, gente muy poderosa en Estados Unidos. Es con política como en el futuro pueden acabar de una vez con el narcotráfico, hermano. Deje le sigo contando cómo es la vaina. De entrada uno dice que no vayan a molestar a la familia. Eso fue lo que nos dijeron que pidiéramos. Les dijimos: "Vamos a colaborar con ustedes, les vamos a dar una plata, les vamos a entregar positivos, entonces, hombre, no vayan a molestar a la familia. Ah, de entrada le van a pedir un billete, más o menos 500.000 dólares. Esa platica es para iniciar los trámites de los abogados. Nada más".

La expectativa de Ochoa aumentaba cada vez que Campuzano ahondaba en los detalles de los encuentros que había sostenido con los emisarios estadounidenses.

—¿Pero ellos te pidieron que entregaras gente? —inquirió el mayor de los Ochoa.

—No, hombre. Ellos no pueden decirle eso a uno, ¿me entiendes? A uno le preguntan por una gente y de una les dice: "Yo no conozco a nadie". Esa es una de las cosas que hay que firmar en la Corte porque en el futuro pueden decir que como uno no está colaborando entonces le quitan los beneficios… No, señor. Usted tiene que hacerles firmar en la Corte un papel donde conste que no va a echar a nadie al agua porque de lo contrario le matan a uno la familia. Para eso están Baruch y los otros agentes. Para eso es el billete grande. Para que a vos te acepten arriba y no tengás que aventar a nadie.

Con el paso de los minutos la conversación con Campuzano se hacía más fascinante porque era la primera vez que Ochoa escuchaba de boca de un narco puro la manera como había negociado con Estados Unidos. Por eso preguntó por el gasto que implicaba la operación.

—Les dijimos que éramos un grupo. Mi hermano Óscar Campuzano, Carlos Ramón Zapata, Alejandro, mi primo Juan Gabriel Úsuga y yo. Hermano, le voy a hablar de este caso. Nos dijeron que la vuelta valía 56 millones de dólares, pero como nos vamos a meter cinco, se bajaron a 42 millones. ¿Cómo es la forma de pago? Muy sencilla: ya entregamos dos palos y en unos días entregamos otros diez palos. ¿En qué va el proceso? Ellos lo llevan a uno donde un juez, que ya está escogido, así como el fiscal. Hombre, eso lo cuadran desde Washington. No hay que esperar sorteo ni nada de esas huevonadas, todo está arreglado —respondió Campuzano.

—Y los que han cuadrado ¿ya se han ido para allá? —replicó Ochoa, inquieto.

—Uff, hermano, no vamos a ser ni los primeros ni los últimos. Y le digo otra cosa: me reservo nombres propios, pero gente muy poderosa de acá ya se ha citado con ellos allá. Y también ellos les han hecho llamadas a gente muy poderosa de acá que también van a cuadrar —explicó Campuzano—. Hermano, es que nosotros somos unos pendejos al lado de la gente que está en este momento en contacto. Somos unos chichipatos. Hombre, a usted allá no le va a pasar nada. Esté tranquilo, pues.

Ochoa percibió que Campuzano quería hacer énfasis en el asunto del dinero y por eso lo dejó continuar.

—Vea una cosa, a esos manes no les pude hablar de plata, ni por el verraco. Eso es con Baruch y Román —prosiguió Campuzano—. Para mí, esos manes van a ser los más ricos del mundo. Inclusive a Baruch le van a dar un apartamento en Miami, una casa en Marbella, unos carros y plata. No reciben nada en Colombia, no les interesa para nada. El hombre más poderoso en todo esto se llama Baruch Vega. Llegar allá y hacer la negociación y sentarse con el juez y el fiscal sólo se logra a través de Baruch y de los agentes de la DEA que trabajan en esto. Lo demás no funciona. Porque hasta que uno no solucione los problemas de allá, los problemas continuarán para siempre.

Cuando terminó de hablar, el semblante de Campuzano había pasado de expectante a radiante. De ello no quedó duda cuando remató la conversación.

—Voy a empezar a vender con despacio las cositas y todo, hermano. Con eso vivo allá muy bueno. Mejor dicho, vaya sin miedo, hermano, a oírlos y oírles las fórmulas. Es que ellos tienen que convencerlo a usted y no usted a ellos.

Esa tarde, cuando regresó a La Loma después de hablar con Campuzano, Jorge Luis Ochoa Vásquez no tuvo duda alguna de que la situación jurídica de su hermano Fabio estaba atada a hacerles un guiño a las autoridades estadounidenses. En otras palabras, debía declararse culpable antes de su extradición para obtener algún tipo de beneficio cuando llegara la hora de enfrentar a los implacables fiscales que lo esperaban en Miami.

Días después de la conversación con Campuzano, los Ochoa recibieron respuesta a la gestión del abogado Pérez en la embajada estadounidense en Bogotá. El 26 de noviembre llegó un mensaje del entonces director de la DEA en Colombia, Leo Arreguín, en la que se mostraba dispuesto a recibir a Jorge Luis y a Juan David Ochoa en su oficina.

El oficio 0519, firmado por el alto funcionario, decía en su parte central que "si ustedes eligen reunirse con los representantes de la DEA dentro de la Embajada de los Estados Unidos, aquí en la ciudad de Santafé de Bogotá, nosotros les garantizamos que ninguno de ustedes será objeto de captura con fines de extradición o de investigación durante el término de la entrevista con nosotros".

El mensaje del director de la DEA fue analizado por la familia en pleno con Pérez, pero no se pusieron de acuerdo en si debían acudir a la sede diplomática o pedir un sitio neutral, como un hotel, para el encuentro. El más reticente de todos era Juan David Ochoa, quien sospechaba que podría tratarse de una trampa para capturarlos a él y a Jorge Luis en la propia sede de la DEA.

Joaquín Pérez sí estaba seguro de que los Ochoa debían concertar una cita con Arreguín. Hasta que al fin, después de una ardua jornada, logró convencerlos de hablar con Baruch Vega, quien según él era un hombre clave para lograr cualquier acercamiento a altas instancias judiciales de Estados Unidos sin arriesgarse demasiado.

Los Ochoa aceptaron a regañadientes. Tenían que ceder después de que Vega les envió decenas de mensajes a través de intermediarios, narcotraficantes y abogados. Finalmente, el encuentro entre Vega y Jorge Luis Ochoa se produjo el 15 de diciembre de 1999, dos meses después de la detención de Fabio.

—Mi señor, yo le mandé no sé cuántas razones a Fabito días antes del problema con él —dijo Vega para cortar el hielo de una conversación tirante.

Después de varios minutos centrados en la inevitable necesidad de buscar un acercamiento con autoridades estadounidenses, Vega se refirió a la cita en la embajada.

—Creo que sería interesante poderse reunir con ellos. Yo daría ese primer paso para que ustedes dos, tú y Juan David, se reunieran con la gente allá. Y no vas a tener ningún inconveniente. Allá hay dos personas: Robert Versis y Paul Craigme, quienes tienen el caso directamente. Con cualquiera de los dos se pueden reunir y creo que sería el primer paso de todo esto.

—Ve, ¿y a ellos se les puede hablar de plata? —preguntó Ochoa, desconfiado.

—Tú tienes que hablar de eso con un abogado porque eso ya es directamente con la embajada americana.

—¿Con un abogado? O contigo... —insistió Ochoa.

—Sería con un abogado primero que todo —explicó Vega, paciente—. Pero yo tendría que entrevistarme con ustedes. Yo haría lo siguiente: primero podrías mandar a la señora o al cuñado de Fabito que se reúnan con un abogado. Es más, el abogado está hoy allá, visitando a Alejandro Bernal. Se llama Daniel Forman.

Una y otra vez, Ochoa insistió ante Vega en su desconfianza de ir a la embajada porque les podrían tender una celada.

—Ustedes pueden ir a la embajada americana y la misma ley americana les da protección. Además, tengo entendido que les dieron a ustedes una carta de amnistía para ir a la embajada americana. No, mijo. Ponemos la cabeza. Primero que todo, ustedes no tienen orden de arresto en Colombia —resumió Vega.

—¿Y ellos no usarían lo que uno diga para cualquier cosa? —replicó Ochoa.

—Absolutamente no. No pueden. Mira, nosotros no estamos conspirando. Lo único que estamos haciendo es tratar de solucionar el problema de tu hermano. ¿OK?

—Sí, bueno. Tú tienes ahí mi número —dijo Ochoa y dio por terminada la conversación con Vega, quien se comprometió a estar pendiente.

Mientras los hermanos Ochoa se mostraban cada vez más cautelosos en los incipientes contactos que sus abogados y Baruch Vega promovían con la embajada estadounidense, en la cárcel La Picota Fabio Ochoa se negaba a aceptar la opción de declararse culpable.

—Ese convencimiento era notable porque Fabio siempre sostuvo que él era inocente, que juraba por su papá que nunca hizo negocios con Alejandro Bernal para traficar con cocaína. Pero yo tenía claro que tarde o temprano los gringos lo iban a extraditar —nos explicó el abogado Gustavo Salazar, quien una y otra vez les aconsejó a los Ochoa que buscaran la manera de negociar porque él sabía que Fabio era de tiempo atrás un objetivo de los fiscales y los investigadores de Estados Unidos.

Para sustentar su teoría, Salazar relató un episodio que vivió a finales de septiembre de 1999, un par de semanas antes de la Operación Milenio, cuando se encontraba en

Bogotá y se disponía a viajar en plan de descanso a España. De repente recibió una llamada de Guillermo Ortiz Gaitán —el narcotraficante que un par de años atrás había escapado de Colombia para arreglar su situación jurídica en Miami—, quien le dijo que necesitaba hablar con él en forma urgente.

Intrigado, Salazar modificó su itinerario y partió hacia la Florida para hacer conexión desde allí con el viejo continente. Cuando se encontraron en Miami, Ortiz le dijo a Salazar que sabía de los buenos oficios que les prestaba a reconocidos narcotraficantes de Colombia y que lo invitaba a promover entre sus clientes las negociaciones directas con Estados Unidos.

—Esto es una mina. Para usted, para los narcos, para los gringos, para Colombia, para mí —dijo Ortiz entusiasmado.

Después de explicarle a Salazar los alcances de la figura jurídica que lo favoreció a él y que en su concepto había arrojado excelentes resultados en decenas de casos, Ortiz hizo referencia a los Ochoa y a los hermanos Miguel y Gilberto Rodríguez Orejuela.

—Vea, doctor —le dijo Ortiz a Salazar—, si tiene forma de hacerlo, busque a los Ochoa y dígales que Fabio debe negociar su situación porque se lo van a traer en poco tiempo. Lo mismo va a ocurrir con los Rodríguez. Tarde o temprano van a pagar sus delitos en Estados Unidos si se niegan a aceptar un acercamiento con la gente de aquí[11].

---

11 Para la redacción de este libro hablamos con Gustavo Salazar sobre este episodio, quien nos reveló que los hermanos Rodríguez Orejuela recibieron el mensaje de Ortiz pero de inmediato lo desecharon con el argumento de que se trataba de "charlatanes" que sólo buscaban sacarles dinero.

Salazar se comprometió a cumplir el encargo una vez regresara de sus vacaciones. Pero fue tarde. Cuando paseaba por las calles de Barcelona se enteró de que en Colombia las autoridades habían desmantelado una organización que traficaba con cocaína y que entre los capturados estaba Fabio Ochoa Vásquez. Era la Operación Milenio.

Así como Salazar era partidario de que los narcotraficantes resolvieran sus problemas judiciales en forma directa, el abogado Pérez no encontraba una fórmula mejor que esa porque, ya no tenía duda alguna, era respaldada desde las más altas esferas de Washington. Pérez estaba tan convencido de ello que en los primeros días de enero de 2000 citó a Jorge Luis Ochoa al hotel Intercontinental de Medellín para hablarle de la fiscal general de Estados Unidos, Janet Reno, y de su mano derecha en la Fiscalía de la Florida, Theresa van Vliet, las dos personas que tendrían la última palabra en el caso de Fabio Ochoa.

—Asumiendo que podamos llegar a un arreglo, yo tendría que ir a Washington a hablar con Janet acerca de esta cuestión. Janet y la mujer que tiene el caso de Fabio son muy buenas amigas porque cuando a Janet la promovieron para fiscal general se llevó a Theresa a uno de los cargos más codiciados de la justicia estadounidense: jefe del Buró de Narcóticos en Washington. Y dos años después de su nombramiento fue trasladada de Washington a Fort Lauderdale con el argumento de que en esa zona del país estaban los casos de narcotráfico más delicados y la fiscal Reno requería de una persona de su entera confianza para asumir ese trabajo. Por eso Theresa van Vliet termina con la responsabilidad de la Operación Milenio —relató Pérez extensamente mientras Ochoa escuchaba atento y con la grabadora, oculta, funcionando.

Esta explicación de Pérez permite entender por qué razón Baruch Vega siempre hablaba de Theresa van Vliet con tanta confianza cuando adelantaba algún tipo de acercamiento con narcotraficantes colombianos en trance de negociar. En cada uno de los encuentros que Vega sostuvo en Panamá, Aruba, Curazao o Ecuador con abogados de los narcotraficantes o con capos en persona, siempre invocó el nombre de la fiscal Van Vliet como la persona de mayor rango con quien había que entenderse.

Y no estaba equivocado. El propio Jorge Luis Ochoa tuvo noticias directas de la fiscal, que en los primeros meses de 2000 le envió dos notas a través del abogado Pérez. En la primera, la señora Van Vliet le hizo llegar una tarjeta personal con el sello del Departamento de Justicia y una nota en el respaldo escrita de su puño y letra: "Jorge, feel free to call me, Theresa". (Siéntase tranquilo en llamarme).

La segunda comunicación fue al meollo del asunto. Era una reveladora carta en la que la fiscal estadounidense ponía de presente los parámetros para que la familia Ochoa tramitara una negociación directa de Fabio Ochoa con su despacho. El mensaje fue entregado a Pérez a propósito de una solicitud que éste hizo para explorar un eventual acercamiento. "Hay un procedimiento en el Departamento de Justicia que contempla un convenio de defensa global —dice la carta de Van Vliet—. Ello es un convenio que enajena todos los cargos de crímenes federales existentes y culpabilidad contra un procesado en el momento en que se llega a este convenio. Como usted y yo lo hemos discutido, habría el mejor interés de su cliente en buscar un convenio global si él decide renunciar al proceso de extradición y voluntariamente enfrentar los cargos pendientes contra él en el caso arriba referenciado".

El segundo párrafo de la carta de la fiscal Van Vliet planteó condiciones que sorprendieron a los Ochoa porque se referían sin cortapisas al suministro de información por parte de Fabio, un punto sobre el cual Vega y Pérez no habían hecho referencia con claridad: "Antes de evaluar la viabilidad de un convenio de defensa global necesito una oferta de la información y cooperación que su cliente pueda darme en retorno de tal convenio. Una vez tenga la oferta, puedo comenzar el proceso de explorar opciones. Obviamente, el proceso tomaría algún tiempo, pero le aseguro que he estado en contacto con algunos de los otros acusadores públicos que tienen casos pendientes contra su cliente y puedo manifestarle que tal convenio no está entablado".

En las siguientes semanas, los Ochoa estuvieron en contacto permanente con importantes funcionarios de la embajada estadounidense en Bogotá, siempre con la intermediación de Baruch Vega y el abogado Joaquín Pérez. Sin embargo, la insistente negativa de Jorge Luis y Juan David Ochoa de entrar a la embajada, así como la duda de los diplomáticos de reunirse en un hotel con ellos, dieron al traste con los acercamientos.

Mientras se diluía la puja entre las dos partes y al final los Ochoa nunca pisaron la sede diplomática, terminó por imponerse un grupo de abogados que planteó la teoría de dar la batalla en Colombia para frenar la extradición de Fabio Ochoa. Según estos juristas, las pruebas obtenidas por la Policía colombiana y por la DEA no sólo no demostraban la culpabilidad del detenido sino que carecían de validez probatoria porque en ninguna de las grabaciones realizadas subrepticiamente en la oficina de Alejandro Bernal se deducía que Fabio Ochoa hablaba de tráfico de cocaína.

A partir de ese momento Vega y los funcionarios estadounidenses salieron de la escena y el caso se concentró en los estrados judiciales, adonde acudieron los Ochoa con la intención de lograr que la Corte Suprema de Justicia se abstuviera de conceptuar a favor de la extradición del menor de los hermanos.

Pero todo fue en vano. Como es usual en sus conceptos, los magistrados de la Sala Penal que examinaron la solicitud de extradición proveniente de la Corte Federal del sur de la Florida únicamente repararon en que los documentos cumplieran los requisitos formales pero no entraron a analizar la profundidad de las pruebas que reposaban en el voluminoso expediente contra Ochoa.

Como era previsible, la Corte conceptuó que el trámite estaba en orden y dio vía libre a la extradición del menor de los Ochoa, que se produjo el 7 de septiembre de 2001, dos días después de que el entonces presidente Andrés Pastrana firmó la resolución que dispuso su envío a Estados Unidos[12].

---

12 El 28 de mayo de 2003, la Embajada de Estados Unidos en Bogotá expidió el siguiente comunicado, que dio cuenta de la condena en Miami de Fabio Ochoa Vásquez:

"Un jurado federal de Miami, Florida, declaró al ex cabecilla colombiano del narcotráfico Fabio Ochoa Vásquez culpable de contrabandear cocaína hacia Estados Unidos. Fiscales estadounidenses dijeron que Fabio Ochoa, de 46 años, enfrenta una posible sentencia de cadena perpetua, luego de ser acusado por primera vez en Estados Unidos en 1986 del asesinato, relacionado con el narcotráfico, de un informante del gobierno de Estados Unidos. Ochoa fue encarcelado inicialmente en Colombia en 1991, donde cumplió una condena de cinco años hasta ser puesto en libertad en 1996. Luego de quedar libre, formó otro Cartel, antes de ser acusado una vez más en 1999 de enviar a Estados Unidos, durante los dos años anteriores, cocaína por valor de miles de millones de dólares".

El juez del caso lo condenó finalmente a 30 años de prisión. En contraste, Alejandro Bernal fue sentenciado a 14 años de cárcel, pero su colaboración con la justicia le permitió quedar en libertad bajo vigilancia especial en 2004.

Tras la extradición de Fabio y su posterior condena, la familia Ochoa decidió guardar silencio y desde entonces ninguno de sus miembros quiso referirse a ese episodio. Sin embargo, en enero de 2006 Marta Nieves y Jorge Luis Ochoa aceptaron hablar sólo una vez con los autores de este libro para exponer su punto de vista.

La cita fue en la casa de Jorge Luis, quien nos condujo a su amplio estudio donde reposan centenares de discos compactos que contienen las pruebas que según la familia demuestran que la Operación Milenio tuvo el doble propósito de encausar a cualquier precio a Fabio Ochoa y presionar a la mafia a negociar en forma masiva.

Para explicar que Fabio no era responsable del delito de narcotráfico que le achacaron en el *indictment* de la Fiscalía estadounidense, los Ochoa acudieron al examen de los centenares de horas de grabación que la Policía colombiana y la DEA hicieron en la oficina de Alejandro Bernal por más de seis meses. De acuerdo con su análisis, el único hecho que involucraba al menor de la familia con un presunto delito era el préstamo de dinero a Bernal para hacer algunos negocios de los que nunca tuvo conocimiento, pero que los investigadores asociaron a la compra de cocaína.

En la extensa charla con nosotros, la familia Ochoa no dudó de que la Operación Milenio cumplió el objetivo de acelerar las negociaciones entre un sector del narcotráfico y las autoridades judiciales estadounidenses. En efecto, una semana después de la redada en la que cayó Fabio Ochoa, más de un centenar de narcotraficantes colombianos buscaron a Baruch Vega y a los agentes de la DEA Larry Castillo y David Tinsley, así como a numerosos abogados de Miami, para solucionar sus problemas en la Fiscalía y en las cortes estadounidenses.

En otras palabras, sostiene la familia, por no declararse culpable Fabio Ochoa Vásquez quedó a merced de sus juzgadores, que lo condenaron sin contemplación alguna. Incluso, de los 31 detenidos por la Operación Milenio, el único que permanece detenido es Ochoa ya que la secretaria de Bernal, Adriana Vaca, fue dejada en libertad por falta de pruebas y meses después regresó al país. Los demás negociaron su libertad a cambio de un arreglo directo. Como por ejemplo Alejandro Bernal, *Juvenal,* considerado con Ochoa como los cerebros de la organización que enviaba narcóticos a Estados Unidos a través de México.

Desde su detención, en octubre de 1999, Bernal fue solidario con Ochoa en la intención de dar la pelea para evitar la extradición. Incluso, acudió a los servicios del experimentado Gustavo Salazar, con quien se reunió varias veces en La Picota para buscar herramientas jurídicas que les sirvieran para ser juzgado en Colombia. El curtido penalista era partidario de que los detenidos en la Operación Milenio se declararan culpables y buscaran un arreglo, pero le atrajo la idea de representar a Bernal porque creyó que tenía los argumentos jurídicos necesarios para dar la batalla contra la extradición. La estrategia consistía en lograr que la Fiscalía colombiana les abriera proceso penal por narcotráfico, el mismo delito que les achacarían en Miami, lo cual terminaría por dilatar indefinidamente el trámite de extradición.

No obstante, la Fiscalía se abstuvo de abrir investigación contra los detenidos en la Operación Milenio y como consecuencia de ello Juvenal dejó de recibir en la cárcel a Salazar, quien percibió que su defendido no le decía la verdad.

—Por eso renuncié a su defensa, porque parecía claro que Bernal tenía una doble agenda —nos dijo Salazar al comentar este episodio.

El tiempo se encargó de poner las cosas en blanco sobre negro. El 24 de julio de 2001, dos meses antes de la extradición de Fabio Ochoa, Bernal se adelantó a los acontecimientos y por primera vez en la historia de la extradición pidió, mediante un mensaje escrito a la Corte Suprema de Justicia, que agilizara el concepto sobre su extradición porque había decidido negociar directamente con las autoridades estadounidenses.

La carta, de dos páginas, dirigida al entonces presidente de la Sala Penal de la Corte, Carlos Eduardo Mejía, tenía siete párrafos y en varios de ellos aseguraba que las grabaciones obtenidas por las autoridades durante la investigación eran ilegales. Aún así, reconoció que su extradición era inevitable y por ello les sugirió a los magistrados que resolvieran su situación lo más pronto posible.

"Desde el comienzo soy consciente de que mi suerte está echada y me preparo para enfrentar un nuevo escenario que se abrirá allende las fronteras —dice la carta de Bernal—. Quizá la sustancia del asunto esté en lo que yo pueda decirles a los jueces y agentes del Estado que me requiere. Es posible que a ellos sí les interese mi verdad, como no ocurre con la doblegada justicia de mi país. Si fuera posible que la H. Corte se inhibiera de seguir conociendo de este proceso que, de antemano, sabemos adónde conducirá, yo estaría dispuesto a irme de inmediato a Estados Unidos".

La jugada jurídica de Juvenal sorprendió a los Ochoa y a los demás involucrados en la Operación Milenio que se quedaron sin saber qué propósito lo había movido a hacer semejante petición en la Corte. Pero ahora, cuando hacíamos la reportería para este libro, establecimos que Bernal tuvo una poderosa razón para pedirle a la Corte Suprema que agilizara el concepto sobre su extradición. Lo que ocurrió en realidad fue que a mediados de julio de ese año, 2001, recibió información confiable en el sentido de que dos ex socios suyos en el Cartel de Juárez estaban detenidos en Miami y habían anunciado su colaboración con la justicia norteamericana.

La noticia le cayó a Bernal como un baldado de agua fría porque desde comienzos de los noventa había enviado cargamentos de cocaína a México a través del Cartel de Amado Carrillo, *El Señor de los Cielos*, uno de los principales capos del narcotráfico de ese país, quien murió en 1997 después de que le practicaron una intervención quirúrgica.

Cuando le contaron en la cárcel La Picota lo que podría suceder si los mexicanos hablaban antes, Juvenal entró en una crisis porque, según les había dicho a sus allegados, no soportaría una larga condena en una cárcel estadounidense.

No obstante, la Corte Suprema no aceptó la petición de Juvenal y el trámite de extradición continuó su ritmo normal. Aún así, el episodio afectó de manera grave la relación de Ochoa y Bernal, que fueron extraditados en septiembre y octubre de 2001, respectivamente.

Ahora, en la tranquilidad de su casa y luego de repasar el comportamiento de Bernal, Jorge Luis Ochoa no oculta su malestar porque él traicionó dos veces su palabra: la primera, cuando se comprometió a dar la batalla en Colombia contra la extradición y la segunda cuando juró que él y Fabio se declararían inocentes en Estados Unidos.

La molestia contra Juvenal es mayor aún porque él y Fabio Ochoa habían estudiado en el mismo colegio de Medellín y siempre mantuvieron una estrecha amistad que sólo se interrumpió cuando Ochoa estuvo preso tras su sometimiento a la justicia. Años más tarde, en 1997, después de que Fabio y sus hermanos salieron de la cárcel tras pagar su condena, Bernal regresó a Medellín y entró en contacto con el menor de la familia con el pretexto de que le ayudara a encontrar una finca para comprarla. Desde entonces se hicieron inseparables y por cuenta de ello Bernal conoció las haciendas más productivas de la región.

—Juvenal aprovechó que Fabio salió de la cárcel y se encontraba solo pues sus amigos de antes estaban muertos o encarcelados. Él era simpático y no tardó en ganarse la confianza de la familia —nos dijo uno de los Ochoa.

Esa cercanía fue fatal porque muy pronto Ochoa empezó a acompañar a Juvenal a sus oficinas en Bogotá, donde departían por largas horas sin saber que todo lo que ocurría allí era monitoreado por los sabuesos que tiempo después habrían de capturarlos.

La estrecha amistad entre Juvenal y Ochoa se rompió con el paso de los meses, cuando el primero decidió arreglar sus cuentas con Estados Unidos y declaró contra su amigo en la Corte Federal de Miami. Hoy el abismo entre ellos es enorme. Juvenal fue beneficiado con la libertad después de pasar una corta temporada en la cárcel y actualmente vive en algún lugar de Estados Unidos, atado a un grillete electrónico en una de sus piernas. Ochoa, por su parte, permanece recluido en la cárcel federal de Miami y sin chance alguno de obtener una rebaja de su pena.

Las negociaciones

En la segunda semana de enero de 2001 el aeropuerto internacional de Miami estaba atestado de turistas que regresaban a sus lugares de origen después de las vacaciones de navidad y año nuevo. El despacho de la aerolínea Avianca no era la excepción y en la larga fila de colombianos con cupo reservado se encontraban el ex ministro Carlos Medellín y su familia[1].

Medellín, un prominente jurista especializado en derecho público, fue ministro de Justicia entre enero de 1996 y abril de 1997, en la etapa más crítica del controvertido gobierno del presidente Ernesto Samper. Meses después, en diciembre de ese mismo año, el Congreso, con la mirada escrutadora de Estados Unidos, aprobó la reforma consti-

---

1 Carlos Medellín es hijo del magistrado Carlos Medellín Forero, quien perdió la vida en la toma del Palacio de Justicia por el M-19 en noviembre de 1995. Medellín formaba parte de la Sala Constitucional de la Corte Suprema de Justicia, que con la reforma de 1991 habría de transformarse en la Corte Constitucional. Desde la trágica muerte de su padre, Carlos Medellín ha trabajado en forma incansable para que las investigaciones por el holocausto no queden en la impunidad.

cional presentada por Medellín antes de dejar el cargo y revivió la figura de la extradición, hundida en la Asamblea Nacional Constituyente de 1991. Una vez aprobada la posibilidad de enviar narcotraficantes y todo tipo de delincuentes a responder ante la justicia estadounidense Samper y sus ministros firmaron 22 resoluciones.

Ahora, cuando estaba parado sobre una larga línea amarilla, el último paso antes de ingresar al mostrador para obtener su pasabordo, Medellín se quedó mirando a un hombre de mediana estatura que se le acercó desafiante con el pasaporte en la mano.

—Medellín, mire bien este pasaporte. Vea, tengo visa. Y es múltiple. Puedo entrar y salir de Estados Unidos cuando se me dé la gana —le dijo el hombre visiblemente alterado, que luego siguió la marcha y se perdió entre la multitud.

Mientras sus hijos y su esposa no atinaban a entender lo que había ocurrido, el ex ministro permaneció, rígido, en silencio. Por largo rato repasó una y otra vez los rasgos del desconocido y no tuvo duda de que podría tratarse de uno de los narcotraficantes extraditados en el gobierno del que él hizo parte.

Un caso muy parecido vivió un oficial de la Policía que en 1993 integró el Bloque de Búsqueda que dio de baja a Pablo Escobar y que en 1999 desempeñó un papel clave en el desarrollo de la Operación Milenio que desencadenó la extradición de Fabio Ochoa Vásquez.

Ocurrió a finales de 2001, semanas después de los atentados contra las torres gemelas de Nueva York y el edificio del Pentágono en Washington, cuando el uniformado fue enviado a Florida a un curso intensivo de inteligencia contra el terrorismo. Una tarde de sábado paseaba por las calles de South Beach y se encontró a bocajarro con un narcotraficante a quien persiguió por años y nunca logró atrapar. Era Orlando Sánchez Cristancho, el mismo hombre que en 1996 fue señalado por Miguel Rodríguez Orejuela como autor intelectual del atentado que por poco le cuesta la vida a su hijo William y a quien identificó como *El hombre del overol*.

Los oficiales encargados de la persecución de los nuevos capos del Cartel del Norte del Valle habían rastreado los pasos de Sánchez Cristancho durante un largo tiempo, pero le perdieron el rastro después de que la propia mafia lo señaló como uno de los hombres más temibles de la organización.

Por ello, la sorpresa del oficial fue mayúscula cuando vio a Sánchez Cristancho sentado en una mesa, departiendo con varios amigos, sin el mayor asomo de preocupación. Una vez se repuso, el policía, experto en seguimiento de personas, hábil en el manejo de situaciones difíciles y conocedor como nadie de los procedimientos para la captura de narcotraficantes, realizó un rápido reconocimiento del lugar y muy pronto estableció que Sánchez Cristancho no tenía escoltas, tampoco conductor que lo esperara cerca de ahí y mucho menos "campaneros" que le avisaran de cualquier riesgo o peligro.

Todo estaba dado para hacer una captura sin correr el más mínimo riesgo, pero debía pedir ayuda porque estaba fuera de su jurisdicción. Entonces llamó desde su teléfono celular a un agente de la DEA en Miami, a quien conocía de tiempo atrás y con el que había realizado varias operaciones contra el narcotráfico en Colombia, y le reveló que estaba sentado a poca distancia de Orlando Sánchez Cristancho.

No obstante, la fortuna de haber encontrado a un narcotraficante en Miami se convirtió de repente en un fiasco. El agente de la DEA tuvo que repetir sus palabras dos veces, porque el policía colombiano no parecía entenderle.

—En mi pantalla aparecen los reportes de Inmigración y ese señor Sánchez Cristancho que usted menciona tiene visa de negocios. Su presencia en Estados Unidos es legal, no tiene ninguna orden de arresto, ni investigaciones pendientes. Se puede mover libremente por territorio estadounidense. No se preocupe, hombre, váyase de compras.

De regreso a Bogotá, el ex ministro Medellín comentó lo que había ocurrido en el aeropuerto de Miami y tiempo después el oficial de la Policía hizo lo mismo sobre el episodio de South Beach. Y ambos cayeron en la cuenta de algo que sí sabían, pero por el correo de las brujas: que Estados Unidos hacía negociaciones por debajo de la mesa con la delincuencia colombiana.

Lo que no sabían los protagonistas de esta historia era que desde comienzos de 1996 el Departamento de Justicia estadounidense —previo consenso con el Blizt Committee— había puesto en marcha en total secreto el denominado Programa de Resocialización de Narcotraficantes, una ambiciosa estrategia que buscaba convencer a las nuevas generaciones de narcotraficantes colombianos de que había una salida distinta a la represiva para dejar de lado el lucrativo negocio del tráfico de drogas.

Tras la captura en junio y agosto de 1995 de los hermanos Miguel y Gilberto Rodríguez Orejuela, cabecillas del Cartel de Cali, y el sometimiento a la justicia de sus principales socios, las autoridades dieron por cancelada una de las épocas más sangrientas de la historia reciente del país. Atrás habían quedado el narcoterrorismo del Cartel de Medellín y la infinita capacidad de corrupción de los capos de Cali.

Pero ahora, con la experiencia acumulada después de 15 años de guerra contra las poderosas y sanguinarias mafias colombianas, Washington consideró que había llegado el momento de combatir por otras vías la segunda generación de narcotraficantes que con toda seguridad asumiría el control del negocio. La evaluación que las altas autoridades estadounidenses y colombianas hicieron por aquella época indicaba que muy pronto las dos naciones estarían frente a delincuentes jóvenes, amantes del bajo perfil, de espíritu empresarial, pero igualmente violentos. Una generación de narcos que en buena parte se había educado en las principales universidades del país y del exterior, a la que poco o nada le llamaba la atención declararle la guerra al Estado y a la que no le interesaba asociarse en carteles sino en pequeñas empresas para traficar.

Las agencias antidroga tenían fuertes motivos para estar preocupadas porque en 1995, cuando era inevitable la caída de los barones de la droga de Cali, observaron un incremento inusitado de los envíos de cocaína y otros narcóticos desde Colombia. A pesar de los golpes a numerosas organizaciones era claro que, en lugar de disminuir, el negocio iba en crecimiento.

A esos nuevos dueños del negocio había que lanzarles una carnada lo suficientemente jugosa para que al menos intentaran picarla. Qué mejor ofrecimiento que una negociación directa de sus líos judiciales en las cortes federales, con penas irrisorias o libertad inmediata autorizada por un juez, además de visado múltiple para la familia y estrecha colaboración con los organismos de investigación sin la necesidad de delatar a sus socios o enemigos. A cambio, deberían entregar buena parte del patrimonio obtenido en el tráfico de drogas, desmantelar sus rutas y comprometerse a dejar para siempre el negocio.

La oferta no podía ser mejor. Era totalmente distinta a las proposiciones del pasado, en las que era obligatoria la delación, el ingreso al programa de testigos, el cambio de identidad y la ubicación en algún lugar de Norteamérica donde los tentáculos de la mafia no pudiesen ubicar a quienes se habían aventurado a colaborar con las autoridades estadounidenses. Ese proyecto no había dado los resultados esperados porque la mayoría de los *sapos*, como se conocía a los soplones en el bajo mundo de la mafia, prefirieron correr sus propios riesgos y no permanecer en un programa en el que no se les permitía tener contacto con sus familias y quienes en la mayoría de los casos deambulaban de un lado para otro sin poder echar raíces en ningún lado.

Con el diagnóstico elaborado y las metas claras, al Programa de Resocialización de Narcotraficantes le faltaba lo más importante: quién se encargaría de convencer a los narcotraficantes de que el ofrecimiento era real. Washington necesitaba encontrar con urgencia un personaje que brindara total confianza en el desarrollo del proyecto y a su vez generara credibilidad entre los jefes de las organizaciones criminales de Colombia.

En Washington, los miembros del Comité Blizt se pusieron en la tarea de indagar entre sus agentes quién podría tener el perfil que estaban buscando y que además estuviera dispuesto a emprender una misión tan delicada como riesgosa, en un mundo donde el silencio vale oro y la lengua suelta se paga con la vida.

Un viejo agente del FBI, que durante años había trabajado en las calles de Queens en Nueva York, se reunió con sus colegas y les habló del trabajo que habían realizado años atrás para buscar un acercamiento con los grandes capos del narcotráfico en Colombia. Fue un proyecto que fracasó estruendosamente porque en ese entonces muy pocos estaban dispuestos a negociar con Estados Unidos. Pablo Escobar y Gonzalo Rodríguez Gacha, que conformaban uno de los aparatos de guerra más despiadados del último cuarto de siglo en Colombia, prefirieron solucionar sus problemas a sangre y fuego antes que terminar en suelo gringo.

El agente del FBI recordó que en ese fallido proyecto había participado un colombiano que vivía desde hacía más de 30 años en Estados Unidos, que por esos días estaba dedicado al mundo de la fotografía: Baruch Vega.

El Comité Blizt examinó los antecedentes del espía-fotógrafo y estuvo de acuerdo en reclutarlo para el proyecto. Ocurrió finalmente en mayo de 1996, cuando Vega recibió en su casa de Houston, Texas, una llamada del agente del FBI que lo había recomendado, quien le dijo que lo necesitaban para un asunto urgente, del cual se negó a hablar por teléfono.

Pocas horas después Vega viajaba en un avión que abordó a último momento porque en la sede del Departamento de Justicia en Washington lo esperaba una reunión del Comité Blitz. Antes de que le informaran de qué se trataba, Vega hizo un pormenorizado relato del trabajo que había realizado en el pasado y los contactos que logró hacer con varias de las principales organizaciones de traficantes de drogas de Colombia, así como los encuentros que sostuvo con Gonzalo Rodríguez Gacha, Pablo Escobar y algunos miembros de la familia Ochoa.

—En esa reunión en Washington se trazaron varios objetivos. El principal de ellos consistió en convencer a los hermanos Ochoa Vásquez de negociar con la justicia de Estados Unidos. No sé por qué, pero ellos seguían en la mira de los americanos aunque estuvieran pagando una pena de cárcel en Colombia. El segundo objetivo era convencer a los nuevos jefes, a los que casi nadie conocía, de solucionar su situación jurídica antes de que Washington emprendiera una gran ofensiva para capturarlos —señaló Baruch Vega en una charla telefónica con nosotros.

Baruch Vega había regresado a la acción. Otra vez estaba en una misión de envergadura encomendada por las agencias antidroga de Estados Unidos. Ahora formaba parte del Grupo 43 de Miami, una célula especial integrada, entre otros, por él y los veteranos agentes de la DEA David Tinsley y Larry Castillo. Su trabajo era tan secreto que solo debían entenderse con la fiscal de Florida Theresa van Vliet, mano derecha de la fiscal general de Estados Unidos, Janet Reno. El Gobierno colombiano y las autoridades de Colombia no serían enteradas del asunto, rotulado como *Top Secret*. El fracaso anterior ya era parte del pasado. Vega recibía una nueva oportunidad para llegarles a los mafiosos colombianos a través del Programa de Resocialización de Narcotraficantes, un trabajo que prometía estar repleto de emociones y aventuras.

Con base en los rígidos códigos estadounidenses, el Comité Blizt estableció cuatro categorías sobre las cuales los fiscales y los jueces debían soportar los procesos de negociación. La primera, denominada de Cooperación, se refería a los beneficios que recibiría el narcotraficante que aceptaba cooperar abiertamente con la Fiscalía en el desmantelamiento de rutas, delación de socios y entrega de cargamentos. La segunda, identificada como Propiedad, tenía que ver con los narcotraficantes que entregaban hasta el 80% de sus bienes al Departamento del Tesoro pero no tenían demasiados enredos judiciales. La tercera, denominada Tiempo de Cárcel, era una combinación de las dos anteriores en la que al final el delincuente podía permanecer un tiempo corto en prisión. La cuarta, llamada Declaración de Culpabilidad, se refería específicamente a los casos en los que los narcotraficantes se negaran a adelantar cualquier tipo de negociación y se conformaran con esperar una larga sentencia[2].

---

2 Después de que Colombia restableció la extradición, el Comité Blizt definió tres categorías para clasificar a los narcotraficantes interesados en negociar: primero, los que tenían procesos abiertos en la Fiscalía estadounidense pero no ha-

Una vez finalizó la cumbre en Washington, Vega recibió el primer encargo: entrar en contacto con un reconocido lavador de dólares colombiano que desde 1988 estaba detenido en una cárcel de Houston. El delincuente había caído un año atrás, cuando la DEA, el Servicio de Aduanas y el FBI lo habían detectado como eje de una enorme red que se movía como pez en el agua en el sector financiero y que desde comienzos de esa década había realizado transacciones multimillonarias.

Se trataba de Román Suárez, un colombiano residente en esa ciudad de Texas, quien fue detenido cuando se disponía a finalizar una transacción financiera por 46 millones de dólares que le habían enviado los enlaces de Gonzalo Rodríguez Gacha, Camilo Zapata y un selecto grupo de narcos que legalizaban sus dineros a través de la frontera con México.

Después de regresar a Houston de su viaje a Washington, Vega encontró que Román Suárez todavía estaba recluido en la prisión federal de Texas. Entonces empezó a frecuentarlo.

—Muy pronto me di cuenta de que Román conocía a más de la mitad de la mafia colombiana. Era un hombre discreto, serio y pese a estar detenido tanto tiempo todavía gozaba de un enorme reconocimiento entre la mafia —recuerda Vega.

En los siguientes meses Vega convenció a Suárez de colaborar en el Programa de Resocialización de Narcotra-

---

bían sido capturados; segundo, los detenidos en operaciones contra el narcotráfico y solicitados en extradición; tercero, los ya extraditados. Dependiendo de la categoría en la que aparecieran, los mafiosos podían esperar un tratamiento benigno o la aplicación de las máximas penas contempladas en la legislación estadounidense.

ficantes y muy pronto el Departamento de Justicia hizo los arreglos necesarios para que el lavador de dólares recobrara la libertad.

—Era un hombre inmensamente rico —continuó el relato de Vega—. Y una vez salió de la cárcel tuvo el dinero suficiente para reponer la pérdida de los 46 millones de dólares que en buena parte pertenecían a los herederos de Rodríguez Gacha y Camilo Zapata. Saldó sus cuentas pendientes. Ahora volvía a empezar de cero porque su fortuna se esfumó cancelando viejas deudas para no dejar trampas mortales en el camino.

Según le contó Suárez a Vega, él tenía una sobrina, María Fernanda Suárez, quien en ese momento estaba casada con Arturo *El Flaco* Piza, un paisa que se había hecho famoso en Medellín por ser propietario de un reconocido anticuario en El Poblado y quien viajaba constantemente a Estados Unidos a adquirir obras de arte y artículos para sus negocios.

A comienzos de 1997, Vega y Suárez —que había recuperado sus documentos y ahora tenía visa— viajaron a Medellín a pasar los primeros días del nuevo año, invitados por María Fernanda Suárez. Por dos semanas departieron en varias fincas en los alrededores de la capital antioqueña en medio de gran derroche.

Una noche de plena rumba, Vega y Suárez sacaron una carta tapada y le revelaron a Piza que en la Corte Federal de Miami avanzaba en su contra un proceso por el envío de un cargamento de droga en el que él —bajo el alias de Elkin Delgado— y otras 20 personas aparecían como financistas. Y terminaron de preocuparlo cuando agregaron que en una corte de Nueva York aparecía relacionado con un cargamento de 250 kilos de cocaína decomisados por el FBI. En otras palabras, Vega y Suárez le dijeron a Piza que las agencias antidroga de Estados

Unidos le tenían pisada la cuerda y que, aunque no existía la extradición, tarde o temprano esa figura sería reimplantada y terminaría en una cárcel estadounidense.

Después de las exuberantes vacaciones de comienzos de 1997, Vega y Suárez frecuentaron con inusitada frecuencia a Medellín, al tiempo que su cercanía con Arturo Piza se hizo aún mayor. Entonces ya no tuvieron duda de que su contertulio de los últimos meses era el candidato perfecto para cumplir la tarea que les encomendaron en Washington: tenía problemas con la justicia, un próspero negocio frecuentado por clientes de dudosa reputación y estaba próximo a separarse de su esposa en medio de una agria discrepancia por la repartición de un edificio de apartamentos en Cartagena.

—El anticuario era la mejor fachada para comenzar a desplegar el plan de trabajo que habíamos trazado con Román. Piza conocía a los nuevos jefes de la mafia y les vendía antigüedades a precios muy buenos para decorar sus apartamentos en Medellín, Cartagena o Barranquilla. Su fragilidad era tal que aceptó de inmediato convertirse en nuestro socio para resocializar narcotraficantes —recuerda Vega.

Así, en agosto de 1997, Baruch Vega, Román Suárez y Arturo Piza abordaron un avión rumbo a Ciudad de Panamá y se hospedaron en el hotel Intercontinental donde los esperaba el abogado Joaquín Pérez, quien a partir de ese momento se convertiría en el apoderado del anticuario.

En medio de gran sigilo y luego de hacer numerosas llamadas telefónicas, Vega y Suárez alquilaron la suite presidencial del hotel y concertaron una reunión para las cuatro de la tarde. Los agentes Tinsley y Castillo llegaron puntuales y de inmediato tomaron las riendas del encuentro.

—Señor Piza, su situación legal con los Estados Unidos no es nada fácil —dijo Tinsley, distante—. Usted lleva más de cinco años introduciendo droga a nuestro país bajo el seudónimo de Elkin Delgado. Tiene dos investigaciones en curso en las cortes, una en Nueva York y otra en Los Ángeles. FBI y Aduanas consideran que usted es un peligro para la sociedad americana. Entonces, señor Piza, ¿qué puede hacer usted por nuestro país y los millones de norteamericanos que son víctimas de la droga que usted les vende para que se envenenen?

—Estoy en sus manos y por eso estoy aquí —respondió Piza, tembloroso, como si fuera directo al patíbulo—. Confío plenamente en Baruch y en Román y después de haber hablado con el abogado Pérez entiendo muy bien mi situación.

Acto seguido, los agentes estadounidenses abrieron un portafolio y pusieron sobre una mesa numerosos documentos, informes de inteligencia, fotos y registros grabados de llamadas desde Colombia a diferentes lugares de Estados Unidos, en los cuales aparecía mencionado Piza.

—Cuando terminó la reunión y Piza reconoció que los documentos de la DEA lo comprometían en serio, entendimos que él conocía cómo estaba conformada la nueva generación del narcotráfico en Colombia. Me atrevería a decir que Piza era la reina del tablero —nos dijo Vega, casi diez años después de ese encuentro en el hotel Intercontinental en Panamá.

Los agentes Tinsley y Castillo les dijeron a Piza y a Pérez que harían consultas en Washington para establecer si el Comité Blizt autorizaba continuar los acercamientos y expedía un permiso especial para que el incriminado pudiese viajar a los Estados Unidos a iniciar el proceso de negociación en una corte federal. Una semana después las mismas personas se encontraron en el mismo hotel de Panamá. Allí el agente Tinsley informó que Washington

había dado vía libre al comienzo del proceso de negociación y que era necesario viajar a su país.

Piza y su abogado Pérez estuvieron de acuerdo con
Vega y Suárez en desplazarse al sur de Florida en la última
semana de agosto. Ese día se encontraron en el aeropuerto
de la capital panameña y abordaron por primera vez un
moderno jet privado que Vega y Suárez habían adquirido
por *leasing* y cuyo mantenimiento y cuotas mensuales de
30.000 dólares corrían por cuenta del presupuesto de la
DEA. El viaje fue tenso porque Piza tenía la sensación de
que podría ser víctima de una encerrona y que apenas
pusiera un pie en el aeropuerto estadounidense sería
arrestado.

Estaba inmerso en esas divagaciones cuando el piloto
anunció que estaban a punto de aterrizar en el aeropuerto
de Fort Lauderdale. Una vez en tierra, la aeronave se dirigió hacia el terminal de vuelos privados y sus ocupantes
fueron atendidos por agentes del Servicio de Aduanas que
los condujeron a Inmigración para los trámites respecti-
vos. Piza viajaba únicamente con su pasaporte y cuando
su nombre fue buscado en el sistema se prendieron unas
luces rojas, intensas, en señal de alarma.

Su sorpresa fue mayúscula porque no hacía más de
cuatro meses que había viajado a Nueva York y había
pasado todos los controles sin problema alguno. Aún
así, el oficial de Inmigración lo miró de reojo y estampó
un sello especial con el que autorizó su ingreso por una
semana a Estados Unidos. Superado el susto, Piza, Vega y
Suárez salieron del terminal aéreo donde se encontraron
con los agentes Tinsley y Castillo. Luego subieron a una
camioneta que se dirigió rauda hacia la Corte Federal de
Fort Lauderdale.

Poco después, Arturo Piza estaba en un salón, frente
a un juez que leyó un texto breve y luego se dirigió a él

en tono paternal y le dijo que el caso en su contra estaba cerrado y que lo invitaba a ser un ciudadano de bien y a apoyar de manera incondicional el trabajo que hacían las entidades encargadas de la lucha contra las drogas ilícitas. Ese día terminaron los problemas judiciales de Arturo Piza con la justicia de Estados Unidos. Era apenas el comienzo de una larga y estrecha relación con los agentes Castillo y Tinsley así como con Vega y Suárez.

Una vez salieron de la Corte, los cinco hombres se desplazaron hacia el cuartel de la DEA en el centro de Miami. Allí se reunieron por más de ocho horas, al cabo de las cuales Piza reveló buena parte del enorme secreto que rodeaba el reacomodamiento de la mafia colombiana.

En sucesivas reuniones con los agentes de la DEA en la Florida Piza les explicó que los antiguos socios de Pablo Escobar fragmentaron las estructuras del negocio y dejaron de depender de una sola persona. En tal sentido, explicó, crearon grupos especializados en el lavado de dinero y aprendieron a desarrollar empresas de fachada para borrar las huellas del dinero sucio. Luego hizo una sorprendente revelación: los nuevos zares de la droga en Colombia habían decidido buscar socios en México y encargarlos del ingreso de la droga a Estados Unidos para quitarse de encima la responsabilidad en caso de que cayeran los cargamentos. Con esta estrategia también buscaban evitar el contacto directo con los dólares recibidos por la venta de la mercancía.

Piza también abundó en detalles al describir los perfiles de los nuevos barones de la droga de Colombia. Si bien era cierto que por aquellos días de 1997 estaba en marcha un importante relevo generacional, también lo era que antiguos socios y lugartenientes de Escobar y los hermanos Rodríguez Orejuela —que habrían logrado sobrevivir a la guerra entre carteles y entre carteles y el Estado— ahora tenían un concepto distinto del negocio. Eran hombres que conocían la raíz de la mafia y la mayoría de ellos estaban íntimamente relacionados con los grupos de autodefensa y aportaban importantes sumas de dinero para promover esa causa.

Al mismo tiempo habló de otros mafiosos, los de gustos refinados, que habían pasado de las suntuosas mansiones con grifos de oro y zoológicos en sus fincas a apartamentos decorados con arte de primera línea y costosas antigüedades traídas de Europa y el Lejano Oriente, pero que en cuestión de mujeres conservaban los mismos gustos de la primera generación: hermosas y famosas. Ahora buscaban compañeras que les permitieran mantener un estatus frente a la sociedad que los veía llegar a restaurantes, discotecas y centros comerciales, pero ahora sin ejércitos privados a su alrededor y sin comprar todo lo que se les antojara.

Después de este primer encuentro con los agentes de la DEA y posteriormente con el FBI y el Servicio de Aduanas, Piza regresó a Colombia y su vida continuó como si nada hubiera pasado. Con el paso de los días se concentró cada vez más en su lucrativo anticuario, que se convertiría en la mejor fuente de información para Vega y Román, quienes pasaban mucho tiempo en el anticuario.

Para no despertar sospechas lo hacían en calidad de proveedores de piezas antiguas y expertos en el manejo de publicidad para impulsar la venta de arte a nivel internacional, uno de los fuertes del negocio de Piza. Con este panorama muy pronto el trío Piza-Vega-Suárez empezaría a dar resultados.

Por aquellos días, Vicent Pancoke y Henry Mercadal, agentes del FBI adscritos a la oficina de Miami, llamaron a Baruch Vega a Medellín para un asunto importante.

—Hay un hombre en Colombia al que necesitamos ubicar. Le dicen Julio Fierro pero creemos que ese no es su nombre verdadero. Las agencias ofrecen una recompensa de un millón de dólares a quien entregue información para ubicarlo. Es muy peligroso y tenemos información de primera mano que lo compromete directamente como el organizador de un plan para asesinar al fiscal Tom Scott —dijo uno de los agentes en tono franco y directo.

—¿Qué tal si lo ubicamos y lo llevamos allá como colaborador? —respondió Vega, seguro de su contrapropuesta.

Los agentes respondieron que no estaban autorizados para aceptar una opción como esa y se comprometieron a hacer consultas con sus superiores. Aún así, le pidieron a Vega hacer algunas averiguaciones para tratar de establecer el paradero del hombre que buscaban con insistencia.

Inquieto, Vega se trasladó de inmediato al anticuario de Arturo Piza.

—¿Usted conoce a una persona a quien llaman Julio Fierro?

—Claro que sí —respondió Piza—. Fue uno de los sicarios más cercanos a Pablo Escobar. Es un hombre extremadamente violento. Su verdadero nombre es Julio César Correa, pero le dicen Fierro por aquello del manejo de las armas.

Mencionar a Julio Fierro producía terror en los bajos fondos de la mafia en Antioquia. Durante años estuvo al lado del jefe del Cartel de Medellín, pero sus continuos enfrentamientos con los pistoleros de la organización poco a poco lo alejaron de Escobar. En contraste, lentamente se ganó la confianza de los ex socios del capo, y con el tiempo dejó de ser sicario a sueldo y empezó a participar directamente en el envío de cocaína al exterior.

Fierro supo combinar con habilidad su fama de gatillero con una buena figura que le permitía acercarse a mujeres bonitas y famosas. Una de ellas fue Natalia París, considerada una de las modelos más cotizadas del país. Era imagen de las más importantes marcas de consumo y el rostro de la bella antioqueña ocupaba las principales portadas de revistas y periódicos, así como las secciones de farándula de los noticieros de televisión.

Con Fierro como objetivo, Piza se dio a la cuidadosa tarea de buscarlo para hablarle del Programa de Resocialización de Narcotraficantes y tratar de convencerlo para encontrarse con Vega y Suárez. Al cabo de varias reuniones con Piza en Medellín, Fierro aceptó una reunión, en noviembre de 1997, en el hotel Santa Clara, durante las fiestas del Reinado de Cartagena.

En la charla, que al comienzo fue tensa y distante, Vega fue directo al grano y le contó acerca de la solicitud de extradición que podría afectarlo por el intento de homicidio de uno de los fiscales más importantes de la lucha contra el narcotráfico en Estados Unidos.

—Eso es mentira —reaccionó Fierro, airado—. Hace seis meses me reuní en Costa Rica con dos oficiales del FBI para hablar de la posibilidad de una negociación directa con Estados Unidos y me dijeron que era imposible porque en mi contra había un proceso por tratar de asesinar a un fiscal. Tuvimos un fuerte altercado porque les dije que eso era un montaje, y que si ellos querían buscar mi colaboración no era necesario que fabricaran pruebas en mi contra. —Dos horas después terminó el encuentro, con el compromiso de Vega y Suárez de explorar nuevamente la posibilidad de reunirse con los agentes del FBI para aclarar el *impasse* y abrir la puerta de una posible negociación de Fierro en Estados Unidos. El asunto avanzó de manera vertiginosa porque el 1o. de diciembre Piza y Fierro abordaron un vuelo en Bogotá con destino a San José de Costa Rica, donde los esperaban Vega, Suárez y los agentes

Tinsley y Castillo, de la DEA, y el abogado Joaquín Pérez.
Era el último encuentro de 20 en menos de dos semanas,
que llevaron a los agentes de la DEA y al dúo Vega-Suárez
a un periplo que les impuso Fierro por Panamá, Aruba,
Curazao y finalmente Costa Rica.

Antes de viajar al encuentro con Vega y los agentes de
la DEA en el aeropuerto de la capital costarricense, Fierro
había hecho algunos arreglos porque no quería dejar nada
al azar. Era un hombre que estaba incrustado en la nueva
organización de narcotraficantes, pero que también había
echado raíces en las Autodefensas Unidas de Colombia,
AUC, que en ese momento avanzaban en un proceso de
crecimiento vertiginoso de la mano de su comandante,
Carlos Castaño Gil.

Además, Fierro sabía que con Castaño no podía actuar
por debajo de la mesa y por eso lo llamó de inmediato para
comentarle el motivo del viaje a Centroamérica. Para él
era clave que el jefe paramilitar no lo tildara de traidor.
Castaño le dio la bendición y le dijo que tarde o temprano los narcotraficantes del país tendrían que recorrer ese
camino.

Fierro también llamó a dos amigos de toda la vida para
compartir la decisión que tenía prácticamente tomada y
en la que desde luego estaba incluida Natalia París, su
compañera sentimental, a quien quería darle una nueva
vida.

—En un par de encuentros, en los que se habló de los
términos de la negociación, Julio Fierro estuvo acompañado por la modelo paisa. Aunque él trató de mantenerla
al margen, siempre nos expresó que lo hacía por ella y
para poder vivir tranquilo en Estados Unidos —recordó
Vega.

Hacia el mediodía de aquel 1o. de diciembre de 1997,
los siete hombres que se habían reunido por un par de

horas en el aeropuerto de San José de Costa Rica partieron en el avión privado de Baruch Vega rumbo al aeropuerto de Fort Lauderdale, donde los agentes de la DEA habían realizado las gestiones necesarias para garantizar el ingreso de los visitantes extranjeros.

La presencia de Piza en el vuelo le dio más confianza a Fierro, que una vez pasó los controles de Inmigración fue conducido a la Corte Federal por los agentes de la DEA y del FBI que se les unieron en el aeropuerto.

—El proceso duró una media hora. Fierro se declaró culpable de todos los cargos y se comprometió a ayudar a las agencias antidroga en la lucha contra el tráfico ilícito de sustancias químicas hacia Estados Unidos. Unas horas después fuimos a celebrar a un pequeño restaurante muy cerca del hotel donde nos hospedábamos —relató Vega.

Con el acuerdo, Julio Correa o Julio Fierro, logró la cancelación de varios procesos por narcotráfico y el archivo del caso por el intento de asesinato de un fiscal, que cursaban en las cortes estadounidenses. Todo a cambio de colaborar con la justicia y entregarle dos millones de dólares en efectivo al Departamento del Tesoro. Además, obtuvo un nuevo pasaporte, con visa americana, a nombre de Juan Andrés Mejía.

A partir de ese momento Fierro y Piza empezaron a trabajar activamente. De sus resultados dependía en buena parte que Estados Unidos mantuviera en pie el acuerdo alcanzado en la Corte y con las agencias antidroga. Por eso Piza se dedicó a contactar a viejos conocidos en el negocio y de los que poco o nadie había oído hablar pero que eran muy poderosos en las nuevas organizaciones mafiosas. Fierro, por su parte, continuó traficando, con la monitoría de las agencias antidroga, que rastreaban los cargamentos para luego decomisarlos en los puertos de entrada tanto aéreos como marítimos.

—Los agentes tenían que mostrar positivos y grandes decomisos de droga. Y qué mejor que esa droga fuera entregada por los propios narcotraficantes que sabían cómo traerla a Estados Unidos —señaló Sandalio González, el tercero al mando de la DEA en Miami, cuando el Comité Blizt autorizó impulsar el Programa de Resocialización de Narcotraficantes.

González es un ciudadano cubano que laboró en la DEA hasta 2004. Logramos hablar con él a finales de septiembre, en la etapa final de la redacción de este libro, pero se mostró especialmente cauto al hablar del papel que la agencia antidrogas, y en especial el Grupo 43, desempeñó en el desarrollo del Programa de Resocialización de Narcotraficantes.

—Claro que oí hablar de ese trabajo y en particular de Baruch Vega. Era muy activo y tenía muy buena relación con algunos agentes que trabajaban recogiendo información y armando los casos para el fiscal. Lo que sé es que las negociaciones se dieron y fueron muchos los narcotraficantes que colaboraron. Pero esa historia sólo la saben los agentes. Yo era un *manager* y conocía en forma global los temas que se estaban trabajando.

Entre tanto, el anticuario de Arturo Piza era cada vez más visitado y Fierro se mostraba muy confiado en convencer a un pez gordo del narcotráfico. Pero, como en la buena pesca, se requería de una alta dosis de paciencia.

La vieja creencia de que la tolerancia es buena consejera quedó demostrada al comenzar 1998, cuando Piza y Fierro se las arreglaron para hablar con Jesús Eliseo Ruiz Díaz, *Cheo*, uno de los mayores transportadores de la droga de los nuevos barones de la droga. Las agencias antidroga estadounidenses sabían que Cheo enviaba cada año 80 toneladas de cocaína que muy fácilmente inundaban las calles de Miami y Nueva York.

Ruiz Díaz era clave para el Programa de Resocialización de Narcotraficantes porque su salida del negocio
implicaba cortar en forma definitiva una de las rutas más
exitosas de la mafia. Cheo se interesó en el asunto y en abril
de 1998 aceptó hablar con los agentes Castillo y Tinsley
en el hotel Marriot de Panamá[3] que por aquellos días se
había convertido en el sitio oficial de las negociaciones
entre Estados Unidos y la mafia colombiana.

Cheo y los agentes de la DEA llegaron muy pronto a un
entendimiento que pocos días después lo llevó a la Corte
de la Florida donde resolvió sus problemas legales con las
autoridades estadounidenses, que a su vez le permitieron
quedarse a vivir allí con parte de su familia.

Después de culminar con éxito la negociación de Cheo,
que significó su salida del negocio, Baruch Vega estaba a
punto de cumplir uno de los objetivos que trazó el Comité
Blizt en la cumbre de 1996: los hermanos Ochoa.

Según Washington, los Ochoa habían pagado una pena
de prisión irrisoria y se habían dado el lujo de guardar
valiosos secretos sobre el funcionamiento del Cartel de
Medellín. Por eso Vega y Piza diseñaron una estrategia
para hablar con uno de los Ochoa.

La opción más viable era Fabio, el menor de los miembros del clan, quien por aquellos días visitaba con alguna
regularidad el anticuario de Piza. Finalmente, y después

---

3 El hotel Marriot es el mismo lugar donde en mayo de
1984 se reunieron el ex presidente Alfonso López Michelsen,
el procurador Carlos Jiménez Gómez y la cúpula del Cartel
de Medellín, encabezada por Pablo Escobar. El encuentro se
produjo pocos días después del asesinato del entonces ministro de Justicia, Rodrigo Lara Bonilla. Allí Escobar y sus socios propusieron una negociación con el presidente Belisario
Betancur, que no prosperó por la filtración de la cumbre a los
medios de comunicación.

de varias charlas informales con su cliente, Piza logró que Vega y Ochoa hablaran por primera vez a mediados de junio de 1998. Fue una reunión corta y directa en la que Vega tomó la palabra y en pocos minutos sintetizó en qué consistía el Programa de Resocialización de Narcotraficantes y el interés de Washington en obtener la colaboración de los tres hermanos. Advirtió que ellos tenían cuentas pendientes con Estados Unidos y que debían resolverlas porque de lo contrario tendrían un enemigo al acecho para toda la vida.

Ochoa respondió y fue especialmente cuidadoso en cada una de las palabras que pronunció. Según él, después de que salieron de la cárcel, los tres hermanos se alejaron totalmente del narcotráfico y por eso no les interesaba hablar con Estados Unidos porque en su concepto ya habían saldado sus cuentas con la sociedad. No obstante, Vega insistió y le dijo a Ochoa que los contactos se hacían únicamente con él y con el Grupo 43 de la DEA en Miami y que tenían el respaldo total del Departamento de Justicia en Washington.

—Al finalizar la reunión, Fabio Ochoa estaba muy interesado en conocer un poco más a fondo cómo se manejaba el esquema, qué beneficios tenía y qué obligaciones implicaba. Después de escuchar nuestras explicaciones no descartó de plano una posible colaboración.

Pero muy pronto el entusiasmo de Vega y los agentes Castillo y Tinsley quedó por el piso porque una semana después del encuentro en el anticuario, Ochoa regresó a hablar con Piza. Muy contrariado le dijo que olvidaran cualquier acercamiento o reunión posterior porque los agentes de la DEA adscritos a la embajada estadounidense en Bogotá ya sabían del encuentro que sostuvieron días atrás y que él y sus hermanos no querían meterse en problemas. A partir de ese momento, Ochoa evitó cualquier tipo de comunicación con Vega y con Piza.

Pocos días después, Vega, Tinsley y Castillo confirmarían que un error en el proceso de la información en Washington había dado al traste con los acercamientos con los hermanos Ochoa.

Mientras tanto, Julio Fierro seguía empeñado en lograr que uno de los nuevos jefes del narcotráfico se reuniera con Vega y Suárez. Lo logró en julio de 1998 y por eso los llamó de urgencia a Aruba, donde atendían dos casos de mafiosos de menor importancia.

Al día siguiente llegaron a Medellín y de inmediato se trasladaron al anticuario de Piza, donde Fierro les dijo que había contactado a un hombre muy cercano a Carlos Castaño y a quien definió como uno de los nuevos y poderosos jefes de la mafia colombiana.

Fierro sabía de lo que hablaba porque un reducido grupo de narcos tomó el control del negocio después del asesinato de los hermanos Moncada y Galeano, ordenado por Pablo Escobar. Uno de ellos era la persona a quien hacia referencia: Nicolás Bergonzoli.

Se trataba de un hombre de aproximadamente 35 años que desde los 15 estaba metido en el negocio del narcotráfico, que hizo carrera al lado de los Moncada y los Galeano y que fue fiel a Escobar hasta el momento en que empezó a asesinar a sus socios en la cárcel de La Catedral. Bergonzoli conoció a Castaño cuando los Pepes le propinaban duros golpes al jefe del Cartel de Medellín y se hicieron buenos amigos. Tanto que cuando la Policía dio de baja al capo se fue a vivir a Montería al amparo de las autodefensas.

Vega escuchó con atención la historia que Fierro acababa de contar y por eso estimó que era muy importante contactar a Bergonzoli porque ello significaría allanar el terreno hacia Castaño y las autodefensas, que con el paso de los días estaban más y más comprometidas con el tráfico de drogas.

Fierro demostró que había avanzado en el asunto y no tardó en organizar un encuentro con Bergonzoli en el restaurante giratorio del último piso del hotel Dann Carlton de Medellín.

—Tengo algunos problemas en el exterior por la venta de ganado a una gente que me dicen no es muy clara en sus negocios. Si usted me hace el favor de averiguar, le quedaría muy agradecido —le dijo Bergonzoli a Vega, quien dijo que haría algunas indagaciones para saber con exactitud de qué se trataba.

Cuando terminó la reunión, Vega viajó de inmediato a Miami y se reunió con agentes de la DEA, el FBI y el Servicio de Aduanas, quienes le dijeron que en efecto tenían información sobre Bergonzoli, a quien consideraban uno de los hombres más fuertes del narcotráfico en el norte de Colombia.

Mientras avanzaban en la reunión, llegaron varias carpetas que contenían los antecedentes de Bergonzoli en Estados Unidos. Uno de los procesos tenía que ver con el envío de 1.500 kilos de cocaína a Nueva York en bloques de aluminio. Había uno más, del Servicio de Aduanas, que se refería a un cargamento similar que llegó a Texas. Un tercer informe daba cuenta de otra investigación por el envío de dos toneladas de cocaína a la Florida.

Otra carpeta contenía datos reveladores y se refería a información de inteligencia acerca de la cercanía de Bergonzoli y Castaño. Era un complejo rompecabezas según el cual Bergonzoli y un reducido grupo de narcotraficantes habían obtenido protección del jefe paramilitar a cambio de gruesas sumas de dinero que luego fueron destinadas a financiar la guerra contra la subversión.

La semana siguiente, Vega estaba sentado de nuevo con Bergonzoli en el hotel Dann Carlton.

—Averigüé el asunto del ganado y le tengo noticias —dijo Vega de afán porque esa misma noche tenía que

viajar de urgencia a Cali—. La cosa está complicada porque en Estados Unidos saben mucho de usted. Mire estas
tres carpetas.

—Qué vaina, esos gringos lo saben todo —dijo resignado Bergonzoli después de repasar una y otra vez los
documentos. Luego se mostró dispuesto a reunirse con
autoridades estadounidenses fuera del país, preferible-
mente en Panamá.

El desgaste que significó acercarse a Bergonzoli hizo
que Vega y los agentes Tinsley y Castillo no repararan en
un hombre que acababa de culminar de manera definitiva su negociación en la Corte Federal de Miami y que en
los siguientes dos años se convertiría en fiel escudero y
promotor del Programa de Resocialización de Narcotraficantes: Guillermo Ortiz Gaitán.

El proceso de negociación con Ortiz fue vertiginoso
porque, además de ser especialista en derecho penal,
conocía en detalle el funcionamiento de la justicia estadounidense en razón a que seis años atrás, en 1992, le había
ganado un pleito a la Corte de la Florida que lo acusó y
luego lo absolvió de una sindicación por lavado de activos
cuando estuvo al frente de una empresa de transportes de
Miami. Al dejarlo libre de cargos, la Corte Federal ordenó
devolverle dos mansiones y un lujoso automóvil que le
habían decomisado e indemnizarlo con 200.000 dólares.

Ortiz regresó a Colombia y cuatro años más tarde, en
1996, fue vinculado a la investigación que por aquella
época adelantaba una comisión especial de fiscales por la
financiación de la campaña presidencial de Ernesto Samper
con dineros del Cartel de Cali. A lo largo de las pesquisas
los fiscales descubrieron que Ortiz había colaborado con
el suministro de gasolina para los vehículos de la caravana
que acompañaba al candidato liberal y que era un acau-
dalado hombre de negocios, propietario de un reputado

hotel de Girardot, Cundinamarca, así como de varias urbanizaciones al norte de Bogotá y de una constructora.

En agosto de 1996 los fiscales del Proceso 8.000 llamaron a indagatoria a Ortiz, pero no los convencieron sus explicaciones y por ello ordenaron su detención por el presunto delito de enriquecimiento ilícito en una suma superior a 35.000 millones de pesos. Pero 11 meses después, en julio de 1997, cuando estaba recluido en la cárcel Modelo de Bogotá, una fiscal delegada ante el Tribunal Nacional determinó que los términos legales del caso habían vencido y lo dejó en libertad.

Una vez conocida la noticia, se produjo un enorme escándalo que semanas después condujo a la reactivación de la orden de captura. Pero Ortiz no habría de aparecer de nuevo porque después de salir de la cárcel escapó a Miami donde contrató a un abogado para que lo representara en la negociación que se proponía adelantar en la Fiscalía del sur de la Florida. El proceso fue veloz porque Ortiz reconoció su condición de traficante de drogas, accedió a entregar cerca de diez millones de dólares a manera de indemnización al fisco estadounidense y se comprometió a colaborar con los organismos de investigación de Estados Unidos. En retribución, un juez de la Corte Federal de Miami lo dejó en libertad condicional. Entonces Ortiz se instaló en un confortable apartamento en un moderno edificio de Key Biscayne, uno de los lugares más exclusivos del sur de la Florida.

Pero Ortiz fue más allá de su papel como colaborador de las autoridades estadounidenses. Se dedicó de tiempo completo a enviarles mensajes a los narcotraficantes colombianos con los que había sostenido relaciones de negocios, para convencerlos de las ventajas de negociar porque tarde o temprano la sombra de la extradición los iba a alcanzar.

Ortiz era muy locuaz con las pocas personas a quienes escogía para hablarles del esquema de negociación. Así quedó reflejado por lo menos en una charla que sostuvo en un lujoso restaurante de Lincoln Road, en Miami, con un abogado colombiano, reconocido defensor de narcotraficantes, que aceptó hacer para este libro un resumen de ese encuentro.

—Guillermo me contó que había negociado con los gringos y que el resultado final fue muy bueno para él. Insistió una y otra vez en que el modelo de negociación era secreto y que esa condición debía mantenerse por siempre. También señaló que el esquema no implicaba la delación automática y que lo más importante era entregar dinero. A manera de ejemplo, me dijo que había hablado con un importante narco de Colombia, al que le había dicho: "¿qué prefiere: 20 años en la cárcel o la entrega de la mitad de su patrimonio y vivir sin problemas en Estados Unidos?". Me dijo que el negocio era simple, que todos ganaban y que ya les había enviado mensajes a Alberto Orlandé Gamboa, *Caracol*, a los Násser de Barranquilla y a Ivonne Scaff. Al finalizar la conversación me dijo que los gringos daban visas en tres días, que la familia del narco estaba incluida y que antes de entregarse podía designar a un pariente para verificar la negociación.

Entre tanto, Baruch Vega y los agentes David Tinslay y Larry Castillo regresaron a Miami para organizar el encuentro en Panamá entre Nicolás Bergonzoli y los emisarios estadounidenses en los primeros días de septiembre de ese año, 1998. En esas estaban cuando Vega recibió una llamada de Arturo Piza, quien le dio una noticia sorprendente: Hélmer *Pacho* Herrera, uno de los principales capos del Cartel de Cali, que se había sometido a la justicia el 1o. de septiembre de 1996, estaba interesado en hablar con ellos sobre un eventual proceso de negociación con Estados Unidos.

—¿Que cómo lo hice? A través de Ernesto Mancera[4], un abogado, buen amigo mío, con quien me encontré hace unos días en el centro de Medellín —respondió Piza, eufórico ante el evidente escepticismo de Vega.

En efecto, mientras tomaban café, Piza le reveló a Mancera la existencia del Programa de Resocialización de Narcotraficantes que, según dijo, podría ser la tabla de salvación de narcos pequeños y grandes que estuvieran dispuestos a resolver su situación jurídica en Estados Unidos. Después de que Piza le resolvió algunas inquietudes, Mancera se comprometió a hablar con clientes suyos para explorar esa opción, que le pareció novedosa y arriesgada.

Mancera desapareció por pocos días y de repente se presentó en el anticuario de Piza y le dijo que *Pacho* Herrera, quien estaba recluido en la cárcel de alta seguridad de Palmira, Valle, los esperaba en la mañana del 8 de septiembre. Ese día, Vega llegó en el primer vuelo al aeropuerto Alfonso Bonilla Aragón de Cali, donde lo esperaba el abogado Guillermo Villa Alzate[5] para trasladarlo al penal.

---

4 Ernesto Mancera fue un destacado jurista que dirigió la Fiscalía Regional de Medellín en tiempos de Gustavo de Greiff. Luego de abandonar el cargo se convirtió en abogado de la mafia. Fue abogado de Roberto Escobar Gaviria, *Osito*, y Hélmer Herrera, entre otros prominentes capos del narcotráfico. En 2004 apareció asesinado en una calle de Medellín.

5 Guillermo Villa Alzate fue procurador delegado para la Policía Judicial a mediados de la década de los noventa, pero fue destituido después de comprobarse que tenía nexos con Miguel Rodríguez Orejuela. Luego fue condenado por enriquecimiento ilícito y después de salir de la cárcel se hizo asesor jurídico de los principales capos del Cartel de Cali. Fue asesinado en abril de 1999, cuando empezaba a hacer algunas gestiones para acogerse el Programa de Resocialización de Narcotraficantes.

Los tres hombres se reunieron en una pequeña sala dispuesta para la ocasión con una mesa y cuatro sillas de plástico. Vega asumió la iniciativa y le explicó al capo que había acudido a esa cita en la cárcel con la previa autorización del Departamento de Justicia estadounidense que estaba muy interesado en acceder a una negociación con él a cambio de información sobre el manejo del negocio, sus rutas y sus contactos.

Herrera demostró que conocía el asunto porque sólo hizo unas cuantas preguntas y de inmediato les dio a conocer su precaria situación personal.

—Hay una guerra a muerte con unos narcos del norte del Valle que se apropiaron del negocio y por eso las posibilidades de que me maten son muy altas. Más si sigo aquí encarcelado. Tengo información muy valiosa para el gobierno de Estados Unidos y estoy en condiciones de entregar cuentas bancarias donde están depositados cientos de millones de dólares. Pero necesito que el proceso sea rápido porque de lo contrario negociarán con un muerto.

Vega prometió regresar de inmediato a Miami para plantear el asunto en el seno del Grupo 43 y con la fiscal Van Vliet. Cuando se dirigían a la salida de la cárcel, Herrera le dijo a Vega que la familia de su viejo socio y amigo José Santacruz Londoño[6] también quería reunirse con él para hablar del mismo tema. El capo agregó que Sandra

---

6 José Santacruz Londoño fue capturado por la Policía el 4 de julio de 1995 en un conocido restaurante de Bogotá. A mediados de enero de 1996 protagonizó una espectacular fuga de la cárcel La Picota al escaparse en el vehículo de un fiscal sin rostro que ese día había ido a escucharlo en indagatoria. No obstante, 53 días después, la Policía lo localizó en Medellín y lo abatió a tiros luego de un enfrentamiento.

Santacruz, vocera de los herederos, estaba dispuesta a entregar más de 200 millones de dólares a cambio de vivir tranquilos en Estados Unidos.

Vega regresó apresurado a Miami porque tenía que entregar cuanto antes un informe pormenorizado de la reunión con Herrera y sobre la posibilidad de acercarse a los herederos de Santacruz. Como era de esperarse, en pocos días el Comité Blizt dio la bendición para agilizar esas aproximaciones pero le pidió prudencia a Vega porque era la primera vez que el Programa de Resocialización de Narcotraficantes podría cobijar a los todopoderosos capos del Valle del Cauca.

Cuando Vega y Román Suárez se disponían a regresar a Colombia recibieron una llamada de Julio Fierro quien les comentó que Nicolás Bergonzoli estaba dispuesto a reunirse cuanto antes con ellos y con los funcionarios estadounidenses en el hotel Intercontinental de Ciudad de Panamá.

Así ocurrió y dos días después el grupo —al que ya se habían sumado los agentes Tinsley y Castillo— habría de sostener la primera de una docena de accidentadas reuniones con Bergonzoli. Apenas estuvieron sentados en un confortable salón reservado del enorme hotel, el narcotraficante colombiano reconoció que había estudiado su situación y que estaba muy impresionado por la cantidad de información que las agencias de investigación de Estados Unidos tenían de sus actividades y anunció su interés en arreglar sus problemas.

—Los agentes escucharon pacientemente a Bergonzoli, que iba de un lado para otro y hablaba mucho pero no concretaba nada. Un poco exasperados, los agentes de la DEA sacaron algunos sobres cerrados de un portafolio y pusieron un par de fotografías sobre una mesa. Era claro que lo iban a poner a prueba —recuerda Vega.

—¿Usted sabe quién es este hombre? —preguntó Castillo al señalar la fotografía del coronel (r) de la Policía Danilo González, el hombre que en diciembre de 1993 participó en la operación final contra Pablo Escobar pero que luego fue retirado de la institución por haber terminado de socio de los delincuentes que había combatido en el pasado.

Bergonzoli respondió sin titubear que no había visto nunca al personaje de la fotografía. Luego Tinsley le enseñó otra con la imagen de Hernando Gómez Bustamante, *Rasguño*, el poderoso jefe del Cartel del Norte del Valle, pero una vez más Bergonzoli dijo que no lo conocía y que sólo lo había visto en televisión.

En los siguientes minutos los agentes de la DEA le mostraron otras cuatro fotografías a Bergonzoli pero éste mantuvo su versión en el sentido de que le parecían totalmente extraños. Sin ocultar su molestia, Tinsley abrió otro sobre y sacó una enorme foto en la que Bergonzoli aparecía en la mitad de todos los narcotraficantes por los que le habían preguntado.

—Vea, señor Bergonzoli, si quiere hacer una negociación seria, el primer paso que tiene que dar es no mentir —dijo el agente estadounidense. Bergonzoli quedó en silencio por largo rato.

La reunión terminó en total fracaso y así lo hicieron saber Vega, Tinsley y Castillo en una cumbre convocada el 14 de septiembre de 1998 en Washington por el Comité Blizt para estudiar una vez más el caso Hélmer Herrera. Por más de cuatro horas analizaron dos fórmulas para asegurar la colaboración del capo: la primera, jurídica, encaminada a indagar por la posibilidad de que pudiera resolver sus problemas legales en Colombia para viajar con los agentes de la DEA a Miami. Esa opción no era fácil porque Herrera tenía numerosos procesos encima, entre ellos narcotráfico y lavado de activos, que le podrían significar más de diez años en prisión. La segunda, cómo protegerlo en la cárcel para evitar que lo asesinaran. Al terminar la cumbre en Washington, Vega obtuvo autorización para reunirse con familiares de Santacruz Londoño.

Finalmente, el 21 de septiembre, Sandra Santacruz y el abogado Enrique Mancera llegaron a Miami con un permiso especial y de inmediato fueron conducidos a las oficinas del FBI, adonde acudieron el agente Dick Gregory, el fiscal federal Ed Ryan y el agente especial del Servicio de Aduanas Edward Kacerosky.

La reunión fue muy accidentada porque los agentes conocían quién había sido Santacruz y poco o nada les interesaba que ahora su familia pretendiera solucionar sus problemas entregando un millonario botín. El más duro con la hija de extinto jefe de la mafia fue Kacerosky, quien la increpó y le recordó que su padre fue responsable de buena parte de los asesinatos de personas arrojadas por aquella época al río Cauca. El asunto no terminó en nada y en las siguientes semanas decayó el interés de los funcionarios estadounidenses y de la familia Santacruz. En adelante se las verían en los estrados judiciales.

El que sí crecía con el paso de los días era el interés de Washington por Hélmer Herrera, quien fue visitado una vez más por Vega el 6 de octubre de ese año, 1998.

—Estaba muy preocupado por su seguridad. Sabía que sus enemigos del Cartel del Norte de Valle ya tenían alguna idea de sus conversaciones con nosotros. Me pidió que procediera cuanto antes y que de paso le ayudara al abogado Villa Alzate, que también había sido sentenciado a muerte —nos dijo Vega al hacer un recuento de esa breve charla con el capo.

El angustioso pedido de Herrera fue atendido de inmediato y en las siguientes cuatro semanas el Departamento de Justicia diseñó una estrategia que sólo conocerían unas cuantas personas para protegerlo. Los pormenores del plan serían dados a conocer al narcotraficante el 5 de noviembre y por eso Vega y el abogado Mancera se encontraron a la puerta de entrada de la cárcel de Palmira.

—Cuando empezábamos a hacer los trámites de ingreso se armó un tumulto de gente y dentro de la cárcel unas personas empezaron a gritar. No entendíamos nada y todo el mundo corría de un lado para otro. De repente, alguien salió a la puerta y dijo: "Mataron a *Pacho* Herrera, mataron a *Pacho* Herrera". Salimos corriendo con Mancera, quien llamó al teléfono celular de un interno, que le confirmó la noticia: el capo había sido asesinado en la cancha de fútbol por otro recluso —relató Vega.

La conmoción por la muerte de Herrera llevó a Vega y su equipo de colaboradores a hacer un alto en el camino para verificar si hubo fuga de información en el procedimiento. Al mismo tiempo, el FBI y la DEA recomendaron prudencia y la adopción de medidas de seguridad porque era claro que había alguien interesado en torpedear la entrega de capos a las autoridades estadounidenses. Y mucho más ahora cuando estaban en marcha varias negociaciones.

Tres semanas después del asesinato del capo del Cartel de Cali agentes de la DEA en Nueva York recibieron la visita de un conocido abogado de esa ciudad que dijo ir en representación del ex policía colombiano Wílber Varela, quien le había manifestado su interés en iniciar un proceso de acercamiento a autoridades estadounidenses.

Por aquellos días Varela era un desconocido en Colombia y las autoridades sólo tenían indicios de la existencia de un delincuente a quien la mafia apodaba como *Jabón*, pero sin procesos judiciales en su contra. También se sabía que había sobrevivido a un atentado que le hicieron en

Cali, en el que recibió algunas heridas. En Estados Unidos tampoco era investigado y la DEA apenas tenía indicios de que se trataba de un narcotraficante en plena expansión.

Los agentes de la DEA informaron a sus superiores y éstos a la Fiscalía que autorizaron un encuentro informal con Varela, pero en Estados Unidos. No obstante, había un problema: Varela debía buscar la manera de ingresar a territorio estadounidense, donde lo esperarían su abogado y los agentes de la DEA.

Según nos reveló un conocido dirigente político que participó directamente en el episodio, pero que nos pidió no mencionar su nombre, Varela decidió viajar a Miami desde el aeropuerto de Cartagena, donde era más fácil pasar los filtros de inmigración. En efecto, un funcionario que recibió 500 dólares facilitó los trámites que le permitieron a Varela abordar el avión sin dificultades.

Como estaba previsto, Wílber Varela fue recibido por un agente de la DEA que le extendió un permiso especial del Departamento de Justicia para permanecer en ese país durante tres días. Luego viajaron a Nueva York, donde los esperaba un funcionario del servicio de aduanas a quien le encargaron hablar con Varela en razón a que de tiempo atrás conocía el funcionamiento de las organizaciones criminales colombianas.

Pero el encuentro terminó en fiasco total. Varela le dijo al investigador estadounidense que no era narcotraficante pero que sí estaba en capacidad de suministrar información sobre algunos mafiosos que operaban en el norte de Valle del Cauca. Luego mostró varios casetes que, según él, confirmaban lo que estaba diciendo.

El funcionario de Aduanas se molestó y le dijo a Varela que si no era narcotraficante le diera una explicación convincente sobre el origen de las cintas. El colombiano titubeó y su interlocutor dio por terminada la corta entrevista.

Al día siguiente Varela regresó a Miami donde tomó un vuelo directo a Cali. Poco tiempo después las autoridades descubrirían que Varela, *Jabón*, era en realidad uno de los jefes del poderoso Cartel de la droga del norte del Valle, que asumió el control de algunas rutas abandonadas por capos de Cali[7].

El fin de año se aproximaba y desde Washington les habían aconsejado a Vega y a los agentes del Grupo 43 de la DEA de Miami disfrutar las vacaciones. Pero no pudieron hacerlo porque el 10 de diciembre Nicolás Bergonzoli llamó para decir que estaba listo a negociar cuanto antes en Ciudad de Panamá.

Vega, Román Suárez y el abogado Joaquín Pérez se encontraron con Bergonzoli en el aeropuerto de Tocumen y se dirigieron al hotel Intercontinental.

—Llegó la hora de abandonar las sabanas de Córdoba —les dijo el narcotraficante con cierta melancolía.

En pocas horas, los cuatro hombres acordaron el itinerario de la rendición de Bergonzoli y quedaron en encontrarse en el mismo lugar el 23 de diciembre siguiente para viajar a Estados Unidos.

Todos llegaron puntuales a la cita el día antes de navidad y, como ocurrió con Arturo Piza y Julio Fierro, el pequeño jet ejecutivo de Vega se dirigió al aeropuerto de Fort Lauderdale. Pero cuando el piloto hacía la aproximación al terminal aéreo, la torre de control informó que había congestión de vuelos y le ordenó dirigirse a un ae-

---

7 Wílber Varela y Diego Montoya, jefes del Cartel del Norte del Valle protagonizan desde comienzos de 2000 una sangrienta guerra por el control del negocio. Las autoridades estiman que sus ejércitos privados han causado la muerte de medio millar de personas en los dos bandos, entre abogados, contadores, testaferros y sicarios.

ropuerto privado en Boca Ratón. El intempestivo cambio de ruta traería problemas porque todo estaba listo en el otro aeropuerto.

En efecto, apenas bajaron de la aeronave los agentes de Aduanas detuvieron a Bergonzoli porque no tenía visa y además aparecía reportado como narcotraficante con varios procesos en Estados Unidos. La situación era difícil porque nadie sabía que justamente ese narcotraficante se había entregado a las autoridades y Baruch Vega tampoco podía dar mayores explicaciones.

Aún así, después de ocho horas de trámites internos, los jefes del Grupo 43 de la DEA lograron que el Servicio de Aduanas dejara libre a Bergonzoli, quien de inmediato fue conducido al despacho de la fiscal Van Vliet. Allí, en un rápido procedimiento, Bergonzoli reconoció los cargos que se le imputaban y acto seguido firmó un documento, previamente elaborado por la Fiscalía, en el que se comprometió a entregar cinco millones de dólares a manera de indemnización al Departamento del Tesoro y a colaborar activamente con las autoridades judiciales que lo requirieran. Luego quedó en libertad condicional y le otorgaron una visa con la cual regresó en varias ocasiones a Colombia para llevar a su familia[8].

El Programa de Resocialización de Narcotraficantes habría de tener su punto culminante en 1999. Fue un año que

---

8 En varios de esos viajes a Colombia, Bergonzoli se desplazó en secreto a los campamentos de Castaño para informarle en detalle cómo avanzaba su negociación. Para el jefe paramilitar, Bergonzoli era la punta de lanza de su estrategia de negociación con Estados Unidos. A través de Bergonzoli, Castaño pudo conocer los contactos de la DEA y los abogados que realizaban los acercamientos con la Fiscalía estadounidense, así como el papel que Baruch Vega desempeñaba en ese momento.

de principio a fin traería muchos días tormentosos pero también muchas satisfacciones a quienes estaban involucrados en la audaz estrategia estadounidense de combatir el narcotráfico por una vía distinta de la represión.

La agitación empezó muy pronto, el 3 de enero, cuando Vega llegó a Bogotá para encontrarse en la entrada de la cárcel La Picota con el abogado Roberto Uribe, con quien había hablado desde mediados de diciembre. Vega viajó de urgencia porque Uribe le informó que los hermanos Miguel y Gilberto Rodríguez Orejuela habían aceptado reunirse con él.

Vega se negó a hablar con nosotros sobre el contenido de la larga conversación que sostuvo ese día con los capos del Cartel de Cali, pero no obstante tuvimos acceso a un aparte del informe que envió un día después al Comité Blizt.

"Visité la cárcel de la Picota para encontrarme con las dos cabezas principales del Cartel de Cali. Lo hice porque antes de su muerte Pacho Herrera me comentó que los Rodríguez estaban dispuestos a colaborar con el Programa de Resocialización de Narcotraficantes. Los visité y confirmé sus intenciones de ayudar[9]. También me reuní con Luis Carlos Ramírez, *Chupeta*, quien expresó la misma intención, con una ventaja adicional: estaba a punto de salir de prisión por pena cumplida".

Aun cuando la reunión en La Picota fue un simple acercamiento, el rumor de una posible negociación de los capos de Cali con Estados Unidos se regó como pólvora en la mafia. Vega se niega a hablar de ello, pero los autores de

---

9 Tiempo después, el abogado Gustavo Salazar les diría lo mismo a los Rodríguez, pero éstos rechazaron cualquier acercamiento a Estados Unidos porque en su concepto se trataba de una jugada de charlatanes que sólo querían sacarles dinero.

este libro establecimos que a partir de ahí unos 30 capos calificados en el negocio como emergentes se acogieron al Programa de Resocialización de Narcotraficantes y arreglaron muy rápido sus problemas con las autoridades estadounidenses. En algunos casos prefirieron hacer la negociación en forma directa, sin la intervención de Vega y los agentes de la DEA.

Sus identidades, el dinero y los bienes que entregaron, así como la información que aportaron con el fin de ubicar cargamentos de droga, se mantienen en total secreto. Con todo, logramos acceder a los detalles que rodearon una de esas negociaciones, que no sólo culminó con éxito sino que le permitió al narcotraficante regresar a Colombia libre de apremios judiciales, pero dedicado a sus negocios particulares y monitoreado de cerca por la DEA, que de vez en cuando le pide colaboración para resolver algunas investigaciones.

Todo empezó en febrero de ese año, 1999, cuando el traficante recibió información de primera mano en el sentido de que en Estados Unidos era investigado por lavado de activos y muy pronto sería solicitado en extradición. En Colombia, el sindicado era propietario de una importante empresa metalúrgica con clientes en Estados Unidos y por eso tenía visa, algunas propiedades y varias cuentas bancarias en ese país. Para las autoridades colombianas era un perfecto desconocido y tampoco aparecía en los registros de los organismos de seguridad, que apenas avanzaban en la tarea de elaborar organigramas sobre las nuevas estructuras de la mafia.

Preocupado por lo que le habían contado, el narco acudió a un reconocido abogado de Bogotá y le pidió que hiciera lo necesario para obtener detalles precisos de las indagaciones que avanzaban en su contra en Estados Unidos. El jurista, que por aquellos días ya había hecho un par de negociaciones que resultaron exitosas, se comunicó a su vez con un bufete de abogados de Miami, que también había acumulado experiencia en esa materia, para obtener un *docket*, es decir, una especie de barrido en todas las cortes de Estados Unidos para establecer si el nombre de su cliente aparecía en alguna de ellas.

En efecto, después de recibir 10.000 dólares por el trabajo, el bufete de Miami encontró que en la Corte de Nueva York era investigado por lavado de activos provenientes del narcotráfico.

Con todos los datos a la mano, el narcotraficante instruyó a su abogado en Colombia para iniciar el proceso de negociación directa con la corte que lo requería. El primer paso consistió en otorgarle a su esposa un poder especial para representarlo en la etapa inicial del proceso. El trámite fue surtido en la sección consular de la embajada estadounidense en Bogotá.

El documento fue enviado de inmediato al bufete de Miami, que desplazó a uno de sus abogados al Departamento de Justicia en Washington para anunciar la intención del delincuente colombiano. El asunto debió ser catalogado como importante por los norteamericanos porque pocos días después salió humo blanco y fue programado un encuentro en el hotel Marriot de Ciudad de Panamá.

A la cita acudieron muy puntuales la esposa y dos abogados —uno de Colombia y el otro de Estados Unidos—, y por el lado estadounidense llegaron la jefe de la oficina del Departamento de Justicia en Bogotá, los agentes de la DEA que hicieron la investigación en Nueva York y el jefe de lavado y confiscación de bienes del Departamento del Tesoro.

La reunión fue corta y al grano.

—¿Usted qué propone? —indagó el funcionario del Departamento de Justicia.

—Ofrecemos la entrega de bienes y dinero, información de utilidad para Estados Unidos y la entrega de mi cliente —respondió el abogado de Miami.

—Todo eso es posible pero necesitamos que su cliente se presente aquí o en Colombia —replicó el delegado estadounidense.

—No, porque no tenemos garantías de que él no será capturado —argumentó el defensor del narcotraficante.

—OK, podemos extender un permiso especial, una especie de salvoconducto que le garantiza que ninguna autoridad de Estados Unidos lo va a detener mientras se mantenga el proceso. Si fracasa, el salvoconducto pierde todo su valor, pero aun así podrá regresar a Colombia —explicó el funcionario norteamericano.

Luego de hablar en privado por varios minutos, la esposa y los dos abogados aceptaron las condiciones y entre todos pactaron un nuevo encuentro pocos días después en el mismo lugar, pero con la asistencia del narcotraficante.

En la siguiente reunión las partes llegaron muy rápido a un acuerdo mediante el cual el delincuente colombiano ofreció entregar tres millones de dólares en efectivo y sus propiedades en Estados Unidos, es decir, dos apartamentos y un paquete de acciones de una empresa multinacional. En contraprestación, las autoridades estadounidenses le permitirían regresar a Colombia y continuar al frente de sus negocios, con el compromiso de colaborar con la DEA en lo que fuera necesario.

Así, a la semana siguiente el narcotraficante sostuvo la reunión final en la Corte de la Florida, adonde había sido trasladado el proceso que avanzaba en la Corte de Nueva York. Luego firmaron un extenso documento, en uno de cuyos apartes se podía leer: "El testigo acuerda proporcionarle a la Fiscalía documentos y otros materiales que se encuentren en poder del testigo o bajo su control y a participar en actividades encubiertas de conformidad con las instrucciones específicas de los agentes policiales o de esta Fiscalía. El testigo acuerda participar en todas y cuantas reuniones encubiertas y cualquier monitoreo electrónico considerado necesario por la Fiscalía".

Después de salir de la sede de la Corte Federal de Miami, el narcotraficante, su abogado y los funcionarios del Departamento del Tesoro se dirigieron a un banco de la ciudad para retirar tres millones de dólares en efectivo. Como las normas estadounidenses obligan a reportar transacciones superiores a 10.000 dólares, el delegado del Tesoro habló con el gerente de la entidad bancaria y le explicó el procedimiento.

La negociación había terminado. El narcotraficante regresó a Colombia con su hoja de vida limpia y las autoridades de Estados Unidos borraron todos sus antecedentes como traficante de drogas y lavador de dólares.

El que no estaba tranquilo por aquellos días de 1999 era Baruch Vega, quien se reunió de urgencia el 3 de febrero con Julio Fierro en Medellín porque en el bajo mundo de la mafia se decía que el anticuario de Arturo Piza era un centro de operaciones de la DEA en Colombia. Según Fierro, algunos jefes del narcotráfico no veían con buenos ojos la aparición de un hombre que les ofrecía el cielo y la tierra a quienes estuviesen interesados en solucionar sus problemas con Estados Unidos.

—Lo mejor es que paren todo esto. La orden es ponerle punto final a quienes estén ofreciendo cosas que no deben ofrecer —le dijo Fierro a Vega, que regresó de inmediato a Miami para pedirle un compás de espera al Comité Blizt para saber qué tan ciertas eran esas advertencias, que llegaban en un momento clave porque los contactos con narcotraficantes interesados en negociar habían llegado a niveles muy altos.

Pero no fue necesario esperar mucho tiempo para conocer la dimensión de la alerta roja de Fierro. El 3 de marzo, cuando salía de su negocio, Piza fue asesinado por sicarios que se movilizaban en una motocicleta. A pocos metros de allí caminaba Luz Stella Ossa, la segunda esposa de la víctima, quien se salvó de milagro.

Horas más tarde, durante el velorio del anticuario, un desconocido llamó al celular de la viuda y la amenazó de muerte. Julio Fierro la escondió en un lugar seguro mientras lograba salir del país bajo la protección de Estados Unidos. La mujer había acompañado a Piza en el proceso de negociación y fue su aliada incondicional cuando fue necesario utilizar el anticuario para los contactos entre Vega y los agentes de la DEA.

—La muerte de Piza significó la pérdida de una fuente inagotable de información para el FBI y la DEA —recordó Vega, adolorido.

El episodio implicó un nuevo replanteamiento de la estrategia aplicada y por eso Vega dejó de viajar a Colombia, al tiempo que el Comité Blizt le dio instrucciones de concentrar sus encuentros en Panamá, Costa Rica, Aruba, Curazao o Isla Margarita.

En abril, un mes exacto después de la muerte de Piza, Vega recibió la llamada de una abogada a la que conocía de tiempo atrás y quien se había especializado en atender casos en la Corte de Miami.

—Tengo un buen amigo que quiere reunirse con usted lo más pronto posible para contarle algunas cosas que le van a interesar —le dijo por teléfono la mujer, que esa misma noche visitó a Vega en su apartamento de Miami Beach.

La abogada llegó acompañada por Orlando Sánchez Cristancho, el hombre a quien las autoridades colombianas identificaron en 1996 como *El hombre del overol,* el presunto autor intelectual del fallido atentado contra William Rodríguez Abadía.

Sánchez Cristancho le reveló a Vega que desde hacía algún tiempo vivía en Estados Unidos donde les colaboraba a algunos agentes del FBI en Houston, pero decidió buscar otras opciones porque había aparecido otro proceso en su contra por narcotráfico y su situación jurídica no estaba resuelta.

La reunión se prolongó hasta la madrugada del día siguiente. Pero Sánchez no sólo estaba interesado en conocer cómo funcionaba el Programa de Resocialización de Narcotraficantes: también tenía información sobre el asesinato de Arturo Piza.

Con respecto al primer tema, Vega explicó en detalle el funcionamiento del proceso de negociación directa con las autoridades estadounidenses, a lo que Sánchez respondió diciendo que estaba dispuesto a adelantar una reunión con los agentes de la DEA en Miami para explorar la posibilidad de acogerse a dicho programa.

Sobre el asesinato de Piza en Medellín, Sánchez sostuvo que había sido ordenado por los jefes del Cartel del Norte del Valle, que no estaban de acuerdo con un esquema que más que otorgar beneficios era una cacería de brujas. Por eso, dijo Sánchez, mataron a Piza, para enviarles un mensaje al narcotráfico y a Estados Unidos en el sentido de que las negociaciones por debajo de la mesa no eran del todo secretas y que los beneficiarios pagaban con su muerte el hecho de convertirse en sapos que delataban a otros narcotraficantes.

El 27 de abril, dos semanas después del encuentro en el apartamento de Vega, Washington autorizó el inicio del proceso de negociación con Sánchez Cristancho, cuya primera cita se llevó a cabo en el restaurante Lario´s, en

Miami Beach, en el que estuvieron, además de Vega y Sánchez, los agentes de la DEA Castillo y Tinsley.

La negociación avanzó a marchas forzadas en los siguientes tres meses, pero en julio el Comité Blizt ordenó parar porque Sánchez aparecía vinculado en Colombia a la investigación por el asesinato de Elizabeth de Sarria, quien se hizo famosa en el Proceso 8.000 por haber entregado recursos para financiar la campaña que llevó a Ernesto Samper a la Presidencia.

Los agentes de la DEA en Miami trabajaron intensamente para establecer si el señalamiento tenía fundamento o si se trataba de un rumor. A finales de agosto las autoridades estadounidenses habían confirmado que Sánchez no tenía nada qué ver en el crimen de la célebre Monita Retrechera y por eso la negociación siguió su curso.

Entre tanto, los efectos por la muerte de Arturo Piza estaban lejos de terminar y por el contrario el Grupo 43 de Miami había recibido informes confiables en el sentido de que un sector del narcotráfico fraguaba un atentado contra Baruch Vega y Román Suárez en Colombia o en Estados Unidos. Los peligros que se cernían sobre el Programa de Resocialización de Narcotraficantes no eran de poca monta porque la DEA había logrado establecer que algunos de los mafiosos que habían solucionado sus problemas judiciales en Estados Unidos también estaban en la mira.

Los investigadores estadounidenses establecieron que la mafia colombiana había contratado a un grupo identificado como Los Diablos para atentar contra Vega y Suárez. Pero con todo y los peligros, el proceso de negociaciones no se podía suspender porque estaba a punto de ocurrir un episodio que habría de ser clave en la estrategia de lucha contra el narcotráfico.

En efecto, el 13 de octubre de 1999 el país despertó con una noticia que muy pronto recorrería el mundo.

Fabio Ochoa Vásquez había sido capturado con otras 30 personas en desarrollo de la Operación Milenio. Desde muy temprano esa mañana los medios de comunicación dieron detalles de la acción combinada entre la Policía colombiana y la DEA, pero no supieron que cuatro de los capos que debían ser capturados habían logrado escapar al cerco: Carlos Ramón Zapata (Ramón era su primer apellido), Bernardo Sánchez Noreña, Juan Gabriel Úsuga y Óscar Campuzano.

La Operación Milenio habría de producir consecuencias insospechadas porque desde el momento en que las autoridades anunciaron los resultados de la enorme redada, Vega y Suárez empezaron a recibir mensajes desde diferentes lugares del país de narcotraficantes y lavadores de dinero que estaban dispuestos a negociar con Estados Unidos en forma directa.

Entonces Vega, Suárez, los agentes Tinsley y Castillo y media docena de abogados se instalaron en el hotel Marriot de Ciudad de Panamá. Entre el 15 y el 19 de octubre, al menos 30 delincuentes que aparecían en los registros de los organismos de investigación, pero no habían sido solicitados en extradición, llegaron en forma apresurada a anunciar su rendición.

De repente, el Marriot se convirtió en una especie de cuartel de operaciones en el que los agentes de la DEA no daban abasto para atender los requerimientos de abogados y representantes de mafiosos que llegaban desde Colombia para proponer un esquema de negociación del que rápidamente salieran beneficiados. La avalancha de interesados fue tal que incluso fue necesario alquilar varios salones.

En esas estaban el 19 de octubre cuando la Fiscalía del sur de Florida les anunció que un juez de la Corte Federal había autorizado finalmente el acuerdo con Orlando

Sánchez Cristancho, quien llegó al Marriot esa tarde en compañía de su abogado Daniel Forman. Para no perder tiempo porque había numerosos narcotraficantes esperando una razón sobre su oferta de someterse a la justicia estadounidense, Vega y los agentes de la DEA viajaron de inmediato a Fort Lauderdale donde Sánchez quedó a disposición de la fiscal Van Vliet.

El caso Sánchez Cristancho fue celebrado como una de las grandes negociaciones que había alcanzado el Grupo 43 de la DEA. No estaban equivocados porque a partir de ese momento el narcotraficante colombiano habría de convertirse en un aliado incondicional de las autoridades estadounidenses, que a finales de 1999 le permitieron llevar a su familia a Miami.

Una vez quedó resuelto el proceso adelantado con Sánchez Cristancho, Baruch Vega y Román Suárez empezaron a viajar intensamente entre Panamá, Costa Rica, Aruba, Curazao y la Florida. Tanto que en ocasiones hacían hasta tres trayectos en un solo día llevando narcotraficantes que querían solucionar sus problemas cuanto antes y trayendo de regreso documentos sobre su verdadera situación jurídica en las cortes estadounidenses.

Uno de esos viajes se produjo el 25 de octubre, cuando Vega y Suárez llegaron a Aruba para hablar de urgencia con Julio Fierro y Nicolás Bergonzoli. El asunto era importante porque las agencias antidroga de Estados Unidos les habían pedido colaboración para resolver el misterio que rodeaba la fuga de los cuatro capos que debieron ser capturados en la Operación Milenio.

Había pasado un tiempo prudencial y ya era hora de buscarlos en Colombia para averiguar si estaban interesados en acercarse a Estados Unidos. Como Vega y Suárez no tenían autorización para viajar a Colombia, les encomendaron esa tarea a Bergonzoli y a Fierro, quienes conocían muy bien a Campuzano, Úsuga, Sánchez y Ramón.

Días después, el 10 de noviembre, Bergonzoli y Fierro tuvieron éxito con las gestiones que habían realizado en Córdoba y en varios municipios aledaños a Medellín: lograron sentarse a hablar con Ramón, uno de los prófugos de Milenio y a quien apodaban *El Médico.* Este hombre era en realidad el más importante de los cuatro porque, además de dedicarse al narcotráfico, era señalado como uno de los fundadores del grupo Las Terrazas, la organización de sicarios más poderosa de Medellín que les prestaba sus servicios a la mafia y a algunos de los principales comandantes de las AUC.

Ramón les contó a Bergonzoli y a Fierro que logró escapar a la redada del 13 de octubre porque Luz Stella Ossa lo llamó por teléfono y le advirtió que estaba en la mira de la DEA y que lo iban a capturar.

—Cuando colgué el teléfono decidí que era mejor atender el consejo de la señora que me había llamado. Cogí a mi familia y salí de Medellín y me interné en una de las fincas en Córdoba. Al día siguiente quedé mudo cuando escuché las noticias y oí que a Fabio Ochoa, Bernal Madrigal y un montón de gente les habían echado mano —recordó Ramón.

El narcotraficante continuó con su relato y dijo que con el paso de los días empezó a desesperarse y estuvo a punto de iniciar una guerra, al mejor estilo de Pablo Escobar.

—Vamos a pelear. Vamos a sacar esto adelante. Cómo así que extradición. No vamos a poner bombas, pero vamos a matar a unos diez políticos. Le dije a Berna: "¿puedo utilizar esta gente para esto?". Y me dijo: "hágale pero no ponga bombas". Le contesté: "no voy a poner bombas, pero voy a matar por ahí a diez hijueputas negros".

Una vez Ramón se calmó, entraron en materia. Fierro y Bergonzoli se refirieron a lo inevitable que resultaba para él negociar con las autoridades americanas porque debía entender que si se había salvado una vez de ser capturado era muy improbable que lo consiguiera de nuevo. Finalmente, Ramón aceptó la oferta y se comprometió a viajar con ellos a Panamá, pero cuatro días más tarde.

Sobre los pormenores de la charla con los agentes de la DEA en el hotel Marriot existe una grabación a la que tuvimos acceso y en la que tiempo después Ramón cuenta detalles de la sorpresa que se llevó cuando le mostraron las pruebas que existían contra él.

—Me sacaron una lista de candidatos a extradición. Ahí estaban mi señora, Liliana Úsuga, Gustavo Úsuga, Mima, la mujer de Juan Gabriel Úsuga, Óscar Alzate, todos... Los cargos que les tenían a ellos eran por conspiración. Una injusticia. Me sacaron dos grabaciones de mi señora, donde ella habla conmigo de 56.000 dólares que yo le estaba entregando para que comprara cositas para ella. También de una transferencia de 126.000 dólares para el apartamento en Miami.

Según dice Ramón en la cinta, su asombro creció a medida que revisaba los documentos que le enseñaba el agente de la DEA. Luego guardó silencio por unos segundos y se armó de valor para decirles a los estadounidenses que él había asistido a esa reunión en representación de unos familiares interesados en conocer su situación en Estados Unidos. Agregó que él era médico y que no tenía nada qué ver con el tráfico de drogas.

Uno de los agentes que escuchaban las explicaciones del narcotraficante colombiano se acercó, desafiante, y le entregó otra carpeta llena de documentos. Después de examinar decenas de papeles, Ramón llegó muy pronto a la conclusión de que era mejor resolver sus problemas en Norteamérica que iniciar una guerra que al final no le solucionaría nada. También evaluó que su familia podría ser extraditada.

—No tenía otra salida distinta a decirles a los tipos qué hay que hacer. Y ellos muy tranquilos me contestaron: "Creemos que tiene una oportunidad de un arreglo. El señor Baruch nos lo había recomendado. Usted tiene la posibilidad de resocializarse en Estados Unidos. Ustedes se pueden convertir en gente de bien. Hay una posibilidad de arreglo. No hay delación. No necesitamos su testimonio. Queremos que nos ayude a lograr positivos" —dijo Ramón.

Una vez terminó el agitado encuentro con los agentes de la DEA, Ramón se dirigió a un salón contiguo, donde Vega, Suárez, Fierro y Bergonzoli atendían a abogados interesados en que sus clientes empezaran a negociar con Estados Unidos. Como los vio ocupados, le dijo a Vega que los esperaba en su suite.

En la soledad de una espaciosa habitación, el delincuente repasó mentalmente cada uno de los documentos que le mostraron los agentes de la DEA. Tampoco comprendía por qué no lo habían capturado dos semanas antes de la Operación Milenio, cuando regresó de Miami luego de tomar unas cortas vacaciones en un apartamento recién comprado. También recordó que tres días después de su regreso de Miami recibió una llamada de un viejo amigo, quien le contó que agentes federales habían ido a la recepción del apartamento a preguntar por él.

En la suite del hotel Marriot de Panamá, Ramón Zapata devolvió la película de su azarosa vida y la manera como había logrado sobrevivir a la guerra desatada por Pablo Escobar y luego se convirtió en un próspero narcotraficante al lado de Juan Gabriel Úsuga, su socio de toda la vida. En los últimos años se había concentrado en encontrar la mejor fórmula para ingresar sin riesgo el dinero proveniente del negocio. Así fue como conoció a los hermanos Óscar y Pepe Campuzano, a Bernardo Sánchez Noreña y a Gustavo Úsuga, pero nunca trabajaron bajo la estructura de un Cartel. Cada uno era independiente pero se unían en los negocios grandes.

Cuando Vega y Suárez ingresaron a la suite, Ramón Zapata cerró el baúl de sus recuerdos y les dijo que había tomado la decisión de negociar. Vega y Suárez se mostraron complacidos y le dijeron que debía dedicarse a convencer a Úsuga, Sánchez y Campuzano. Ramón regresó a Colombia y luego de localizarlos les hizo un extenso relato de su encuentro con los agentes de la DEA. Pero convencerlos no era una tarea fácil porque ninguno de ellos creía en la palabra de la agencia antidrogas estadounidense y mucho menos en la de un desconocido como Baruch Vega.

La discusión se tornó agria y en un momento determinado los ánimos se caldearon de tal manera que Ramón les dijo a Campuzano, Sánchez y Úsuga que si era necesario él negociaría solo. El tono perentorio de sus palabras terminó por convencer a sus desconfiados amigos quienes aceptaron un viaje exploratorio a Ciudad de Panamá.

Finalmente, los cuatro narcotraficantes llegaron el 28 de noviembre a la capital panameña a bordo de un vuelo comercial que los condujo desde Medellín. En el terminal aéreo los esperaban Vega, los agentes de la DEA Paul Graigne, Art Ventura, Robert Versis y Larry Castillo, así como el abogado Daniel Forman.

Del aeropuerto se trasladaron hacia el hotel Intercontinental, donde pocas horas después se produjo la primera reunión con Vega y el abogado Forman, quien asumió el caso que muy pronto llegaría a la Fiscalía y a la Corte de Miami.

—Con Vega se habló de la forma como se iba a pagar el dinero. De entrada había que desembolsar 500.000 dólares para el abogado, quien tenía que hacer las primeras diligencias en la Fiscalía y la Corte —relató Ramón Zapata en la conversación grabada tiempo después—. Sobre el pago de los 42 millones de dólares que nos comprometimos a entregar entre los cinco, acordamos dar la mitad en dinero y la otra mitad en positivos. Había que traficar como un hijueputa para la DEA.

Al terminar esa reunión privada en la que hablaron del dinero que le entregarían al fisco estadounidense, se produjo una larga conversación, de más de siete horas, con los agentes de la DEA.

—De entrada los agentes fueron claros en decir que no querían oír historias acerca de nuestros socios en el negocio, con quiénes habíamos trabajado o de quiénes sospechábamos. Cuentos de esos, y muy malos, conocían muchos. Ellos querían saber cómo traficábamos, por dónde sacábamos la droga y cuánta llevábamos a Estados Unidos. Uno de ellos me dijo: "enséñeme a traquetear". Les dije: "ah ¿eso es lo que ustedes quieren? Pues, hermano, saque lápiz y papel". Y ahí se nos fue media reunión —relató Ramón.

Una vez finalizó el encuentro en Panamá, los cuatro narcos colombianos acordaron reunirse el 7 de diciembre siguiente en el aeropuerto panameño para tomar el vuelo final a Estados Unidos.

—Yo iba con los oficiales que me asignaron. Llegamos al aeropuerto de Fort Lauderdale y un agente me pidió que me ubicara a un lado de la fila, donde me hicieron esperar como 15 minutos. Entonces me llamaron a Inmigración y el tipo miró la pantalla y supongo que apareció un letrero que decía informante o colaborador..., algo así. Preguntó: "¿Cuánto tiempo va a permanecer en Estados Unidos?" y yo respondí que un mes. Luego me dijo: "bienvenido a Estados Unidos" —continuó el recuento de Ramón Zapata, contenido en la grabación.

Luego el grupo se dirigió a las oficinas de la DEA en el centro de Miami.

—En total el trámite duró como seis días. Fui a la Corte con el abogado a revisar cada uno de los documentos que había en mi contra. Tenían reportados tres años de maricadas. Cosas de las que ni siquiera me acordaba.

En una de esas charlas con Ramón, el agente Larry Castillo recordó que la DEA le seguía los pasos desde hacía tres años.

—Lo seguimos en Aruba. Cada vez que deteníamos a alguien de su organización preguntábamos por el médico, o sea, por usted. Con la ayuda de informantes armamos estas 52 páginas que contienen todas sus cosas —explicó el agente estadounidense.

Para celebrar el acuerdo, Vega, el agente Castillo, Ramón, Suárez y el abogado Forman fueron a cenar al restaurante Rusty Pelican. El investigador de la DEA hizo un recuento de lo dura que había sido la lucha contra el narcotráfico y se dolió de la manera como continuaba creciendo el envío de droga a Estados Unidos. Luego señaló que creía firmemente en el Programa de Resocialización de Narcotraficantes porque era la única manera de acabar con el negocio.

—Si somos capaces de convencer a las cabezas de las organizaciones de que esta es la salida ideal, podríamos decir que el fin del narcotráfico está muy cerca —dijo Castillo y acto seguido sacó una libreta de apuntes que contenía una lista de al menos 15 narcotraficantes colombianos a los que debían localizar para hablarles de la necesidad de desmontar el tráfico de drogas.

—Yo creo, hermano, que puedo poner aquí en fila a cinco narcotraficantes grandes del país. De los que usted está mencionando conozco a diez. Yo hablo con ellos —intervino Ramón.

A mediados de diciembre los cuatro prófugos de la Operación Milenio culminaron el proceso de negociación en la Corte Federal de Miami y de inmediato fueron autorizados a regresar a Colombia.

Pocos días después, el 20 de diciembre, Ramón sostuvo un trascendental encuentro en la clandestinidad con dos de los hombres más buscados por la agencia antidrogas y los organismos de seguridad de Estados Unidos: Hernando Gómez, *Rasguño*, y Diego Montoya, *Don Diego*, dos poderosos jefes del Cartel del Norte del Valle.

—Durante la reunión, Diego Montoya me dice: "hermano, yo sé que algún día me van a entrar. Yo tengo 200 ó 300 hijueputas aquí, cuidándome. Pero algún día me cogen dormido y hasta ese día llegué. Y si yo puedo arreglar sin delatar a nadie, yo cuadro" —dijo Ramón.

Rasguño fue mucho más cauto. Antes de tomar una decisión quería saber cómo era la negociación y qué garantías jurídicas le darían. Para estar seguro le pidió a Ramón que lo comunicara con Baruch Vega.

—Hablamos unos dos minutos. Lo primero que preguntó fue qué tanto sabía la DEA de él. Le contesté que había un documento de por lo menos 150 páginas en el que aparecía involucrado directamente en el tráfico de drogas. Cuando le dije eso quedó en silencio y después respondió: "muy pronto van a tener noticias de mí" —recuerda Vega acerca de esa corta llamada.

Dos días después, el 22 de diciembre de 1999, Vega y Ramón se encontraron en el *lobby* del hotel Marriot para esperar a un desconocido que la noche anterior se había comunicado con ellos para avisarles que les llevaba un mensaje de Gómez Bustamante. Era Eduardo Martínez, un hombre locuaz y de buenos modales que se presentó como secretario privado de Rasguño. Esperaban que el emisario pusiera numerosas condiciones para el eventual encuentro con el capo, pero al final fueron invitados a pasar la navidad en las Bahamas donde Martínez era propietario de un lugar de descanso.

—Allí hablaremos de muchos temas —les dijo antes de subir a su habitación y de informarles que al día siguiente saldrían en su avión privado rumbo a Nassau.

La navidad transcurrió en el lujoso bote de Martínez. En medio de la celebración acordaron que al día siguiente, 25 de diciembre, viajarían a Miami a reunirse con el agente de la DEA Larry Castillo, designado para dirigir la reunión con Rasguño.

Una vez reunidos en Miami, Castillo le dijo a Martínez que no había sido fácil convencer al Comité Blizt para acercarse a Rasguño porque Washington consideraba el Cartel del Norte del Valle como la organización más violenta y sanguinaria de Colombia. También dejó en claro que su gobierno sólo aceptaría que Rasguño y Don Diego entregaran la totalidad del negocio. De lo contrario, Washington no aceptaría ninguna negociación.

Eduardo Martínez escuchó atento las palabras del agente de la DEA y luego respondió que no había ningún problema, pues ellos querían resolver sus problemas con Estados Unidos e iniciar una nueva vida.

En los primeros días de enero de 2000, y luego de pasar el comienzo de año en las aguas del mar Caribe a bordo del bote de Martínez, Carlos Ramón Zapata regresó a Colombia con el firme propósito de llevar a Hernando Gómez Bustamante a Panamá. Por ello le pidió ayuda a Julio Fierro y a Nicolás Bergonzoli, quienes hablaron con el comandante de las autodefensas, Carlos Castaño, y éste les ayudó a allanar el camino.

Días más tarde, el 14 de enero, Rasguño llegó en un jet privado a Ciudad de Panamá, donde fue custodiado de cerca por personal de seguridad que le asignó la embajada estadounidense en ese país. Como siempre, la cumbre tuvo lugar en el hotel Marriot y a ella asistieron los agentes de la DEA Larry Castillo y Bill Gómez, Baruch Vega, Román Suárez, Carlos Ramón Zapata, Julio Fierro, Nicolás Bergonzoli, Eduardo Martínez y un hermano de Rasguño.

—Después de un corto saludo, dijo que estaba autorizado a hablar a nombre de Carlos Castaño y de un grupo de 30 narcotraficantes del norte del Valle. "Actualmente controlamos el 80% de la coca que llega a Estados Unidos. Cuando termine esta reunión, si quieren, podemos dar la orden de parar el envío de cargamentos y en dos semanas se darán cuenta cómo sube el precio en las calles de su país [...]", dijo Rasguño en un monólogo interrumpido por Castillo, quien indagó por el número de kilogramos de cocaína que enviaban cada mes a Estados Unidos.

—No mandamos kilos, mandamos toneladas. Mensualmente unas 20 toneladas —respondió el narcotraficante.

La reunión en el Marriot se prolongó por más de doce horas, durante las cuales hablaron infinidad de temas, entre ellos el de las autodefensas de Castaño. Al respecto, Rasguño reveló que el jefe paramilitar estaba muy interesado en iniciar cuanto antes una negociación directa con el gobierno estadounidense, pues no veía salida distinta. Castaño estaba tan decidido, relató el narcotraficante, que había enviado a la embajada en Bogotá y al Departamento de Estado algunas cartas y documentos en los que se refería al eventual acercamiento con las autoridades estadounidenses.

Gómez Bustamante y sus acompañantes durmieron esa noche en Panamá. Al otro día, antes de partir, preguntó:

—¿Esto cuánto me vale?

—Unos 40 millones de dólares —respondió Vega.

—Para mí eso es mucha plata. ¿Al menos me harán una rebaja del 50%? —respondió Rasguño, sonriendo, y luego subió al avión que lo conduciría de regreso a algún lugar de Colombia.

Los esperanzadores resultados de la cumbre de Panamá no tardaron en conocerse en todos los niveles de la mafia, donde produjo reacciones encontradas. Entre los narcotraficantes la desconfianza era notable, pero otros entendieron que no les quedaba opción distinta a explorar el camino que los condujera a Norteamérica.

Uno de los que se animaron a abrir esa puerta fue Juan Carlos Ramírez Abadía, *Chupeta*, uno de los capos del Cartel de Cali que en 1996 se sometió a la justicia tras la captura de los hermanos Miguel y Gilberto Rodríguez. Por aquellos días estaba recluido en la cárcel de Vistahermosa, en Cali, donde afrontaba varios procesos por narcotráfico y lavado de activos.

El 9 de febrero les envió una carta a Larry Castillo y a Baruch Vega, en cuyo aparte principal decía: "Les expreso mi decisión de someterme a la justicia americana bajo el Programa de Resocialización de Narcotraficantes, tal como lo han hecho otros colombianos en el pasado y en el presente. Como debe ser de su conocimiento, desde que me sometí a la justicia en mi país, Colombia, me desvinculé totalmente de actividades de narcotráfico, pero estoy dispuesto a enmendar el daño que causé a los Estados Unidos de América colaborando con ustedes en las condiciones que serán prontamente acordadas".

Chupeta autorizó al abogado Pedro Arboleda a pactar una primera entrevista con Castillo y Vega y expresó su intención de recibirlos en la cárcel.

No obstante, los incipientes contactos adelantados hasta ese momento fueron interrumpidos en marzo de forma abrupta. Washington dio la orden de suspender las tareas que adelantaban Vega y el Grupo 43 de la DEA, porque habían sido acusados de apropiarse de parte de los dineros que los narcotraficantes habían entregado para culminar las negociaciones.

Muy pronto el escándalo estaba en las primeras planas de los medios de comunicación en Colombia y la Florida. Los periodistas daban cuenta de pactos en la sombra con narcotraficantes colombianos que habían decidido acudir directamente a las cortes federales estadounidenses para purgar sus culpas.

El verdadero escándalo estalló cuando Vega fue detenido en su apartamento en Miami y los agentes Castillo y Tinsley fueron separados de sus cargos para responder por corrupción a nivel interno en la DEA. Pese a que Vega recuperó la libertad 52 días después y los agentes Castillo y Tinsley regresaron a sus cargos, el Programa de Resocialización de Narcotraficantes habría de recibir un duro golpe. Pero no estaba acabado.

En consecuencia, el esquema desarrollado hasta ese momento varió en forma sustancial y la embajada estadounidense en Colombia empezó a asumir de manera directa las negociaciones, que continuaron sin parar.

La sede diplomática fue escenario del trascendental paso dado por un reconocido narcotraficante del Valle, que en los primeros meses de 2003 se acercó por medio de un abogado para solucionar los líos jurídicos que habían llevado a Estados Unidos a solicitarlo en extradición.

El jurista visitó la embajada y pidió hablar con un agente de la DEA acerca de su cliente, que estaba interesado en iniciar un proceso de negociación. Un investigador estadounidense lo recibió de inmediato pero le pidió que regresara una semana después porque debía comunicarse con el agente que llevaba el caso en Miami. El asunto interesó al Departamento de Justicia porque se trataba de un narcotraficante con un extenso prontuario en Estados Unidos y sacarlo del camino significaría un duro revés para las mafias colombianas.

Como quedó pactado, el abogado regresó a la embajada una semana después y fue recibido por el agente de la DEA que había viajado desde Miami, en un salón donde había cuatro cámaras que grababan todo cuanto ocurría allí. El representante del extraditable dijo que su cliente estaba dispuesto a resolver su situación jurídica y a entregarse cuanto antes.

—No me interesa lo que usted propone. Tengo las evidencias suficientes para condenar a ese delincuente por largo tiempo. Estoy seguro de que algún día será atrapado —respondió en tono displicente el investigador de la DEA.

—Aun así, quiero ofrecer un trato —replicó el abogado.

El agente explicó que según los procedimientos cualquier paso que dieran en adelante debía ser autorizado por la Fiscalía Federal de la Florida, donde estaba radicado el expediente contra el extraditable, que en su concepto debía dar una muestra de buena voluntad y presentarse en la embajada para negociar personalmente con él.

El abogado dijo que veía difícil el desplazamiento de su cliente hasta la embajada porque nada le garantizaba que no sería detenido. El investigador respondió que aun cuando la sede de la embajada era territorio estadounidense, las normas impedían capturar a delincuentes en trance de negociación.

Después de un largo tira y afloje, dos semanas después el extraditable llegó en un vehículo blindado a la embajada estadounidense, donde lo esperaba el agente de la DEA, que acto seguido sacó una carpeta y leyó los cargos por los cuales había sido solicitado en extradición.

—Usted trafica desde hace diez años, maneja la distribución de droga en distintos lugares de la Florida y en

Colombia es dueño de cinco empresas e innumerable cantidad de inmuebles. Necesitamos que entregue todos sus bienes, las rutas que maneja y que delate a sus socios.

—Mi cliente se opone a la delación. Lo demás es posible —replicó el abogado, pero al funcionario de la DEA no le gustó la respuesta y dio por terminado el encuentro.

Dos semanas después, un nuevo encuentro entre el abogado y el investigador empezó a allanar el camino.

—OK, no podemos dejar nuestro interés por la delación por la calidad de su cliente, pero le ofrecemos cambio de identidad, lo mismo que a su entorno familiar. Además, le permitiremos conservar una buena cantidad de dinero para vivir tranquilo en Estados Unidos. Eso sí, la condición es que no puede volver a delinquir —resumió el funcionario de la DEA y el abogado aceptó sin dudarlo más.

Días después firmaron un acta en la sede de la embajada y programaron el viaje del extraditable a Miami, previa entrega de una visa especial. Una vez allí lo esperaban agentes de la DEA que lo condujeron a un centro de retención transitorio en el centro de la ciudad. Finalmente, el narcotraficante llegó a la Corte, donde un juez respaldó los términos de la negociación e hizo énfasis en los compromisos adquiridos con la justicia estadounidense. Luego lo dejó en libertad.

Con mejor suerte rodó por aquellos días Luz Marina Vélez, una joven y atractiva mujer capturada por la Policía en una redada contra narcotraficantes y solicitada en extradición por Estados Unidos. Tras su detención, la mujer fue recluida en un lugar especial de la Cárcel del Buen Pastor de Bogotá. Atrapada, la mujer actuó con rapidez y le dio poder a un reconocido abogado, que viajó a Miami y contrató a un colega suyo para buscar en la DEA al investigador del caso con el fin de ofrecerle una negociación.

El agente investigador y los dos abogados se trasladaron a la Fiscalía de la Florida donde hablaron con el fiscal que había solicitado la extradición de la narcotraficante. No obstante, el asunto empezó mal porque el fiscal dijo de entrada que su despacho solicitaría 25 años de prisión para la mujer porque las pruebas en su contra eran irrebatibles.

Aún así, los abogados ofrecieron tres millones de dólares a manera de indemnización y la entrega de las dos rutas que la mujer y su organización utilizaban para transportar droga a Estados Unidos.

Días más tarde el agente de la DEA llamó al abogado de la señora Vélez y le dijo que el Departamento de Justicia había aceptado adelantar una negociación, que de todas maneras incluiría una pena de cárcel que sería determinada por un juez de la Corte Federal.

De ahí en adelante se desarrolló una veloz carrera contra el tiempo porque había que intentar que la Sala Penal de la Corte Suprema de Justicia suspendiera el trámite y autorizara la extradición cuanto antes. Así ocurrió y los magistrados aceptaron una petición en tal sentido. Así, Luz Marina Vélez fue trasladada a Miami, donde el juez la condenó a cinco años de prisión con la posibilidad de reducir su pena si conceptuaba que su colaboración había sido eficaz. Los tres millones de dólares en efectivo ofrecidos al comienzo de la negociación fueron entregados por representantes de la extraditable a funcionarios de la DEA en un barco del servicio de guardacostas de Estados Unidos que navegaba en aguas internacionales de Panamá.

Mientras la embajada estadounidense en Bogotá había asumido el manejo de numerosas negociaciones, en Washington el Comité Blizt seguía preocupado porque en Colombia algunos de los más prominentes jefes del narcotráfico seguían libres y haciendo de las suyas. Para el

Departamento de Justicia era clave neutralizar al coronel Danilo González, quien se había convertido en un hombre muy poderoso y con enorme influencia en la cúpula del Cartel del Norte del Valle.

Para cumplir esa tarea fue llamado Baruch Vega, quien debió dejar de lado por varias semanas contratos ya suscritos con algunas revistas de moda.

Vega recurrió a viejos contactos y no tardó en lograr que González aceptara encontrarse con él en Aruba el 28 de abril de 2003. Hablar con el ex oficial era importante porque además había sido señalado como promotor de las amenazas de muerte que obligaron a Vega y a los agentes de la DEA a no regresar a Colombia por orden del Departamento de Justicia.

—Coronel ¿por qué me quería matar? —indagó Vega, en tono grave.

—Nunca, nunca… Personalmente no lo quiero matar a usted. Pero trabajo con un grupo y les ayudo a proteger sus intereses. Ellos creen que sus negocios y su privacidad han sido seriamente afectados por usted y su gente. Ahora, la razón por la que estoy acá hablando con usted es que quiero resolver mi problema y mis amigos también —respondió el ex policía con cierta preocupación.

González le explicó a Vega que la captura en agosto de 2001 de Víctor Patiño, su posterior extradición y su decisión de colaborar en todo sentido con las autoridades estadounidenses les había complicado la vida a decenas de capos del Valle del Cauca. A tal punto que, según explicó, otros diez narcotraficantes estaban dispuestos a seguir sus pasos si la negociación con Estados Unidos resultaba aceptable.

—Nosotros ya perdimos esta guerra y no hay nada que podamos hacer. Personalmente no pienso seguir viendo muertos, huyendo y escondiéndome. No es mi tipo de vida. Soy un guerrero pero estoy cansado de esto. También pienso que muchos en nuestro grupo están en las mismas. Todos tienen mucho dinero pero ninguno puede disfrutarlo.

Vega entendió las razones de González pero aclaró que de tiempo atrás Washington había prohibido cualquier acercamiento al Cartel del Norte del Valle. Aún así, agregó que por la importancia de la propuesta debía regresar a Washington para saber si había interés en reiniciar el proceso de acercamiento.

Semanas después, el Departamento de Justicia autorizó a Vega a entrar en contacto con los apoderados de González, pero con la condición de que el acercamiento a las autoridades judiciales estadounidenses debía hacerse única y exclusivamente con abogados norteamericanos.

El caso González empezó a avanzar lentamente porque el Departamento de Justicia quería asegurarse de que el proceso con el policía colombiano fuera tratado al más alto nivel. Por eso Washington designó a Robert Spealke, de la sección de Narcóticos y Drogas del Departamento de Justicia, y al agente Loue Millione, de la DEA de Washington, para entenderse con los abogados de González.

Después de varias reuniones en Nueva York y en la capital estadounidense, Vega y el coronel González acordaron encontrarse nuevamente el 26 de marzo de 2004 en Miami para puntualizar los términos de la negociación y programar el viaje final a Estados Unidos. No obstante, tres días antes del encuentro, González fue asesinado por sicarios cuando entraba a un edificio del norte de Bogotá. Ese mismo día y casi de manera simultánea, el mayor Iván Bohórquez y el capitán Néstor Camelo, oficiales de la Policía, también retirados, cayeron asesinados por sicarios.

Así, al terminar la escritura de este libro, el Programa de Resocialización de Narcotraficantes había cumplido

diez años de existencia. Y aun cuando el número de negociaciones se ha reducido, lo cierto es que los poderosos
capos del narcotráfico de Colombia saben que el fantasma
de la extradición siempre penderá sobre sus cabezas. Pero
también saben que siempre tendrán una vía de escape:
hacer un pacto ens la sombra con Estados Unidos.

Perseguidos por Kacerosky

William Rodríguez Abadía respiró aliviado cuando terminó de hablar con su esposa Jimena, quien le dijo en clave por teléfono celular que el Departamento de Justicia de Estados Unidos había aprobado su entrega a funcionarios de ese país, que lo esperarían en Panamá a mediados de enero de 2006.

Era la tercera semana de diciembre de 2005 y esa llamada le indicó a Rodríguez que había entrado a la última etapa de un complejo proceso de negociación iniciado por él un par de meses atrás, cuando habló con su esposa desde la clandestinidad y la instruyó para buscar un acercamiento formal a las autoridades estadounidenses por medio del experimentado abogado cubano-americano Humberto Domínguez[1].

---

1 Humberto Domínguez es un joven abogado que forma parte de Bierman, Shoat, uno de los más prestigiosos bufetes del sur de Estados Unidos. Desde 1996, cuando el Departamento de Justicia puso en marcha el Programa de Resocialización de Narcotraficantes, Domínguez ha manejado con éxito cerca de 20 negociaciones directas entre narcotraficantes colombianos y las autoridades estadounidenses.

William, el hijo mayor de Miguel Rodríguez Orejuela y sobrino de Gilberto, los jefes del Cartel de Cali, estaba cansado de huir. Durante los últimos 37 meses había logrado evadir a las autoridades, pero ahora no sólo estaba muy enfermo[2] sino que su esposa, sus dos hijas y los demás miembros del clan familiar estaban sufriendo con inusitada intensidad las consecuencias de sus problemas con la justicia.

Ahora, recién comenzado el nuevo año y con la sensación de que para bien o para mal su futuro podría despejarse así como el de su familia, el extraditable decidió moverse con rapidez para trasladarse cuanto antes a Panamá, donde lo esperaría un funcionario estadounidense para trasladarlo a Miami.

Los enredos judiciales de William Rodríguez Abadía habían empezado el 19 de junio de 2002, cuando la Fiscalía General de Colombia expidió en su contra una orden de captura con fines de extradición soportada en una petición de la Corte del Distrito Sur del estado de la Florida, que lo requería por los delitos de narcotráfico y lavado de activos.

De acuerdo con el *indictment* o acusación entregado a la Oficina de Asuntos Internacionales de la Fiscalía en Bogotá, la Drugs Enforcement Agency, DEA —agencia antidrogas estadounidense—, y el Servicio de Aduanas en colaboración con la Policía de Colombia, obtuvieron abundantes pruebas en el sentido de que desde el segundo semestre de 1995 —tras la captura de su padre y de

---

2 Desde los cinco años de edad, William Rodríguez Abadía no tiene un riñón. Sus problemas renales se complicaron aún más luego del atentado de 1996 en Cali, donde murieron seis de sus guardaespaldas y él recibió algunas heridas.

su tío por la Policía³—, William asumió el control de la organización en todos sus frentes.

Cuando Miguel y Gilberto Rodríguez fueron recluidos en la cárcel La Picota en Bogotá, William Rodríguez se vio obligado a dejar el anonimato y empezó a visitarlos con inusitada frecuencia. El evidente liderazgo del hijo mayor de Miguel Rodríguez frente a sus hermanos y primos les dio la certeza a las autoridades de que él —que por aquella época, mediados de la década de los noventa, no tenía cuentas pendientes con la justicia en Colombia— era el elegido para heredar los intereses de la familia y por ello decidieron seguir sus pasos a prudente distancia. La tarea fue asumida por un grupo especial de inteligencia de la Dirección de Policía de Investigación Judicial, Dijín, y por varios agentes de la DEA adscritos a la embajada estadounidense en Bogotá.

Al tiempo que realizaban operaciones contra otros capos del narcotráfico en diferentes lugares del país, los hombres encargados del caso Rodríguez Abadía se encontraron muy pronto con un hueso duro de roer. En efecto, el hijo mayor de Miguel Rodríguez puso en práctica los conocimientos que adquirió de su padre y de su tío, que por más de 15 años burlaron a las autoridades y al sistema judicial del país. No en vano los hermanos Rodríguez Orejuela se convirtieron en capos del mayor Cartel de cocaína del mundo⁴ y enfrentaron a Pablo Esco-

---

3 Gilberto Rodríguez Orejuela fue capturado en Cali el 9 de junio de 1995 por un grupo élite conformado por el entonces director de la Policía, general Rosso José Serrano. Miguel Rodríguez Orejuela fue capturado en la misma ciudad el 8 de agosto siguiente.

4 En la época dorada del Cartel liderado por los Rodríguez, Estados Unidos calculó que eran los responsables del envío

bar, el jefe del Cartel de Medellín, con quien sostuvieron una cruenta guerra.

Además, el peso de la responsabilidad de administrar el emporio empresarial que montaron sus mayores hizo que Rodríguez Abadía sacara buen provecho de las enseñanzas que recibió durante el largo período de estudios de derecho penal y laboral en la prestigiosa Universidad de Harvard, en Estados Unidos.

William Rodríguez se caracterizó por su bajo perfil ante la opinión pública. Nunca dio entrevistas e incluso en los archivos de los organismos de inteligencia sólo aparecía una vieja fotografía suya. Pero, contrario a lo que pensaban los investigadores, no se escondió de quienes seguían cada uno de sus movimientos. Aunque su residencia habitual era una enorme mansión en el barrio Ciudad Jardín de Cali, sus viajes a Bogotá, donde se movilizaba en una caravana de seis camionetas, protegido por una veintena de hombres bien entrenados y con armas amparadas legalmente, se hicieron cada vez más frecuentes.

A su arribo a la capital, Rodríguez Abadía siempre se dirigía a la sede principal de Drogas La Rebaja, en el sector de Paloquemao, en el centro de la ciudad, a un edificio sin identificación alguna. El lugar era considerado por las autoridades el corazón financiero de los Rodríguez Orejuela ya que allí estaban las oficinas de la gerencia general de la cadena de farmacias y del laboratorio farmacéutico Kressfor —que producía la mayor parte de los medicamentos genéricos distribuidos por las farmacias—. En otro lugar de la edificación estaba almacenada la información sobre decenas de empresas que los Rodríguez habían estable-

---

del 80% de la cocaína que inundaba las calles de ese país. Por eso el Cartel de Cali fue catalogado como la organización criminal más peligrosa del planeta.

cido en años anteriores, así como las dependencias desde donde controlaban sus inversiones en otros países como España, Venezuela y Ecuador.

La cadena de droguerías La Rebaja había sido fundada por los hermanos Rodríguez Orejuela en junio de 1986 en reemplazo de Drogas La Séptima, una de las primeras empresas montadas por los dos hermanos a comienzos de.los años setenta, recién empezaban a incursionar en el tráfico de estupefacientes.

Los Rodríguez fundaron La Rebaja sin hacer ruido alguno y aprovechando que las autoridades estaban concentradas en la persecución de Pablo Escobar y Gonzalo Rodríguez Gacha, *El Mexicano*, los dos principales capos del Cartel de Medellín que por aquellos días ya se habían convertido en los delincuentes más perseguidos del país porque habían asesinado al ministro de Justicia Rodrigo Lara Bonilla y a algunos jueces que los procesaban y habían demostrado que estaban detrás de un aparato criminal capaz de desestabilizar el país.

No obstante, los Rodríguez Orejuela previeron que en algún momento los ojos de las autoridades voltearían a mirar hacia ellos. Por esa razón, en 1988 se adelantaron a los acontecimientos y les trasladaron la propiedad accionaria de La Rebaja y Kressfor a sus parientes más cercanos, Jaime, Humberto y María Alexandra Rodríguez Mondragón, hijos de Gilberto, y a su cuñado Alfonso Gil Osorio. Con estos movimientos jurídicos los Rodríguez blindaron dos de las empresas que consideraban sus bienes más preciados y dedicaron todo su tiempo a enfrentar al Cartel de Medellín.

Drogas La Rebaja creció en forma acelerada a la sombra de un esquema financiero que daba la apariencia de ser simples farmacias de barrio, pero un año más tarde, en 1989, quedó en evidencia ante las autoridades cuando al menos una docena de sucursales en diferentes ciudades, pero principalmente en Cali, fueron blanco de ataques de los escuadrones de sicarios enviados por Escobar desde Medellín.

El exitoso negocio montado por los Rodríguez Orejuela en torno a La Rebaja y al laboratorio Kressfor sufrió su primer traspié luego del magnicidio del candidato presidencial Luis Carlos Galán, el 18 de agosto de 1989. El crimen, atribuido al Cartel de Medellín, desencadenó una feroz persecución contra el narcotráfico y de ella no se libraron los Rodríguez y su emporio financiero.

Para enfrentar el desafío de los barones de la cocaína, el entonces presidente Virgilio Barco Vargas declaró la nación en estado de sitio y expidió algunas normas de emergencia, entre ellas dos decretos que modificaron los Códigos Penal y de Procedimiento Penal y establecieron por primera vez los delitos de testaferrato y enriquecimiento ilícito de particulares.

Con base en estas disposiciones, las Fuerzas Militares y de Policía obtuvieron órdenes de allanamiento emanadas de Juzgados de Instrucción Penal Militar para ocupar en todo el país los bienes que según sus registros eran propiedad de narcotraficantes. Entre el 22 de agosto y el 16 de octubre de ese año, en una enorme redada de las autoridades, fueron ocupados 29 locales donde funcionaban sucursales de Drogas La Rebaja.

Tras los allanamientos, numerosos despachos judiciales abrieron investigación formal contra Jaime, Humberto y María Alexandra Rodríguez Mondragón y Alfonso Gil Osorio por enriquecimiento ilícito y testaferrato. Al mismo tiempo, la Dirección Nacional de Estupefacientes recibió el encargo de administrar las farmacias ocupadas mientras los jueces determinaban si los hermanos Rodríguez Orejuela habían establecido la empresa con dineros provenientes del tráfico de cocaína.

Por más de cinco años los abogados de la familia intentaron demostrar que los parientes de los jefes del Cartel de Cali habían obtenido esos bienes con recursos lícitos, pero a finales de 1994 el expediente fue enviado a un grupo de fiscales sin rostro que por aquellos días había recibido otro proceso proveniente de Cali, identificado con el número 8.000.

El expediente 8.000 había sido abierto en la capital del Valle para investigar el hallazgo, en una empresa allanada por el Ejército en agosto de ese año, de decenas de desprendibles de cheques y registros contables de varias sociedades que al parecer pertenecían a los capos del Cartel de Cali. En la operación militar, desarrollada entonces para dar con el paradero de los hermanos Rodríguez, fue capturado el ciudadano chileno Guillermo Pallomari, quien en forma misteriosa recobró la libertad horas más tarde.

Semanas después el fiscal Alfonso Valdivieso Sarmiento recibió información de primera mano sobre la manera irregular como la Fiscalía de Cali liberó a Pallomari y de la lentitud con que avanzaban las investigaciones relacionadas con el hallazgo de las colillas de los cheques y los documentos decomisados por el Ejército.

En efecto, Valdivieso estableció que gran cantidad de indagaciones iniciadas en la Fiscalía de Cali estaban inactivas y por ello ordenó su traslado a la Fiscalía Regional de Bogotá, donde las recibieron cinco fiscales sin rostro que dos meses después, en febrero de 1995, descubrieron que los expedientes escondían en realidad evidencias de la financiación con dineros del Cartel de Cali de la campaña que llevó a Ernesto Samper Pizano a la Presidencia de la República en agosto de 1994.

La investigación tomó un auge vertiginoso y en los siguientes meses los fiscales del Proceso 8.000 obtuvieron abundantes pruebas documentales y testimonios que demostraban el poder de infiltración de los hermanos Rodríguez Orejuela en altas esferas del Estado y no tuvieron dudas de que la campaña liberal a la Presidencia había sido alimentada con cerca de seis millones de dólares tramitados a través del periodista Alberto Giraldo, reconocido relacionista de los hermanos Rodríguez Orejuela.

El escándalo fue enorme y en pocos meses un procurador, un contralor y numerosos congresistas terminaron tras las rejas, al igual que Fernando Botero Zea y Santiago Medina, gerente y tesorero de la campaña samperista[5].

El Proceso 8.000 corrió en forma paralela con la búsqueda de los principales narcotraficantes del Valle del Cauca, que se habían convertido en objetivo de las autoridades tras la muerte de Pablo Escobar en diciembre de 1993. Paradójicamente, la destrucción del Cartel de Medellín marcó el comienzo del fin del Cartel de Cali, cuyos principales líderes fueron capturados o se entregaron entre 1995 y 1996.

Eso fue lo que les pasó a los hermanos Rodríguez, que luego de su captura fueron recluidos en la cárcel La Picota de Bogotá. De allí que las frecuentes visitas que realizaba William Rodríguez Abadía al centro carcelario desde el segundo semestre de 1995 no tenían otro objeti-

---

5 Santiago Medina colaboró con la justicia y luego de permanecer por varios meses en la cárcel recibió el beneficio de la detención domiciliaria. En enero de 1999 murió luego de una larga y penosa enfermedad renal. Fernando Botero Zea renunció a su cargo como ministro de Defensa. Luego fue detenido y permaneció por largo tiempo en la Escuela de Caballería del Ejército en Bogotá. Fue condenado el 3 de octubre de 1996 a 63 meses de prisión por enriquecimiento ilícito a favor de terceros. Después de recobrar la libertad se trasladó a México, donde vive desde entonces.

vo que prepararse para enfrentar los procesos judiciales abiertos contra su padre y su tío y proteger los bienes de la familia.

Rodríguez Abadía recurrió a tres viejos conocidos de la familia: Fernando Gutiérrez Cancino, Luis Eduardo Cuartas Soriano y Harold Vélez Restrepo, quienes habían empezado a trabajar con los hermanos Rodríguez desde los primeros años de la década de los ochenta en calidad de asesores financieros y testaferros de confianza.

De la mano de estos tres hombres y de un grupo de abogados, encabezado por Germán Navarro Palau —que años más tarde sería solicitado en extradición—, Rodríguez Abadía y sus parientes se dieron a la tarea de salvar a Drogas La Rebaja y al laboratorio Kressfor de una posible intervención. Para ello tenían ventaja a su favor porque las normas de la época, relacionadas con el enriquecimiento ilícito y el testaferrato, no tenían dientes suficientes para expropiar de manera definitiva los bienes del narcotráfico.

Después de estudiar el asunto, Rodríguez Abadía y los asesores financieros y jurídicos de la familia encontraron en la legislación que rige la Economía Solidaria la fórmula que necesitaban para quitarse de encima y por largo rato a los investigadores de la Dijín, de la DEA y del Servicio de Aduanas que le seguían los pasos. La estrategia jurídica diseñada en las largas jornadas que Rodríguez Abadía pasaba en la sede de La Rebaja en Bogotá consistió en venderles la empresa a los trabajadores. A finales de 1995 dieron el primer paso en ese sentido y crearon la Cooperativa de Servicios Solidarios, Copsevir Ltda., cuyos socios iniciales fueron 60 empleados de la cadena de farmacias que aportaron 600.000 pesos como capital.

Las autoridades detectaron la maniobra, pero no pudieron actuar porque estaba ajustada a las normas legales.

Sin embargo, el director de la Policía, general Rosso José Serrano, no se quedó callado y dijo que William Rodríguez Abadía se había convertido en el principal ideólogo del Cartel de Cali después de haber asumido su liderazgo tras la captura de los principales miembros de la organización.

La familia no le respondió al oficial y en los primeros meses de 1996 los trabajadores de Copservir se concentraron en hacer los trámites necesarios ante el Departamento Administrativo Nacional de Cooperativas, Dancoop —hoy Superintendencia de Economía Solidaria—, para obtener la personería jurídica. En forma simultánea, William Rodríguez y sus abogados tramitaron la liquidación de Kressfor y el 11 de marzo de 1996 les dieron vida legal a Farmacop y Cosmecop, dos laboratorios que en adelante se encargarían de fabricar medicamentos y productos de belleza con destino a la cadena de droguerías La Rebaja.

Sin embargo, la familia habría de recibir un campanazo de alerta el 24 de mayo de ese año, cuando quince sicarios que simularon ser clientes de un restaurante de Cali especializado en comida brasileña atentaron contra Rodríguez Abadía, quien se salvó de milagro y sólo recibió algunas heridas. Seis de sus guardaespaldas resultaron muertos.

Pocos días después los medios de comunicación divulgaron una grabación en la que Miguel Rodríguez hablaba por teléfono desde la cárcel con un desconocido y mencionaba a *El hombre del overol* como responsable del fallido intento de asesinato de su hijo. Los investigadores y los medios de comunicación trataron de establecer a quién se refería Rodríguez y muy pronto surgió el nombre de Orlando Sánchez Cristancho, un narcotraficante del norte del Valle que posteriormente negoció su rendición con las autoridades estadounidenses.

Los organismos de seguridad interpretaron el atentado contra el heredero de los Rodríguez como la consecuencia lógica de un reacomodamiento en las estructuras de la mafia, que veían a Rodríguez Abadía como un peligro para sus intereses y señalaron que en efecto se trataba de un ataque ejecutado por los nuevos capos del Cartel del Norte del Valle que estaban dispuestos a sacar del paso a sus antiguos socios del Cartel de Cali que ya estaban tras las rejas.

—En razón a que William Rodríguez empezó a adquirir tanta notoriedad como heredero de su padre y de su tío, es muy posible que los nuevos capos del norte del Valle vieran en él un peligro. El atentado tuvo un doble mensaje: que sus parientes se retiraran definitivamente del negocio y les dejaran el manejo del negocio y que William no se convirtiera en un nuevo capo —nos dijo un oficial de la Dijín que por aquella época seguía de cerca este complejo proceso.

Mientras William Rodríguez se recuperaba de sus heridas, Copservir recibió la bendición legal del Estado. Entonces los Rodríguez escogieron una fecha simbólica, el 20 de julio de 1996, día de la Independencia, para cumplir la última parte de su plan: le vendieron a Copservir Ltda. la cadena de farmacias por 35.000 millones de pesos, que los trabajadores se comprometieron a pagar en cuotas en los siguientes diez años, incluidos los intereses de la deuda.

Ante esta nueva realidad los investigadores decidieron actuar con cautela porque, aun cuando sabían que las farmacias y los laboratorios seguían en poder de los Rodríguez, probar sus orígenes en el tráfico de drogas sería aún más complicado.

La suerte pareció sonreírles aún más a los capos recluidos en la cárcel y a sus familias en diciembre de

1996, cuando la Comisión de Fiscales del Proceso 8.000 produjo un fallo final en torno a las 29 sucursales de La Rebaja intervenidas en 1989 y a la investigación por enriquecimiento ilícito y testaferrato abierta en la misma época contra los parientes más cercanos de los Rodríguez Orejuela.

En efecto, en la primera parte de la decisión, la Fiscalía determinó que no existían pruebas suficientes para afirmar que la cadena de droguerías había sido montada con dineros provenientes del tráfico de narcóticos. En la segunda parte, la providencia exoneró de responsabilidad a Jaime, Humberto y María Alexandra Rodríguez Mondragón y a Alfonso Gil Osorio, porque en concepto de los investigadores los parientes de los Rodríguez Orejuela no incurrieron en enriquecimiento ilícito o testaferrato en razón a que las farmacias habían sido establecidas mucho tiempo antes de que existieran esos delitos.

Como consecuencia de la decisión de la Fiscalía, las sucursales de La Rebaja en poder de la Dirección de Estupefacientes fueron devueltas, al tiempo que precluyeron las investigaciones contra los miembros del clan de los Rodríguez.

Ahora, con la cadena de farmacias protegidas en Copservir y con la familia Rodríguez libre de apremios judiciales, los agentes de la Dijín y de la DEA no tuvieron otro remedio que observar de lejos el crecimiento del emporio financiero de los herederos de los capos del Cartel de Cali. Además, en los siguientes años, Rodríguez Abadía y sus cerebros financieros, Fernando Gutiérrez Cancino, Luis Eduardo Cuartas Soriano y Harold Vélez Restrepo, crearon numerosas empresas que manejaban grandes cantidades de dinero, pero que dejaban de existir como por arte de magia cuando advertían que las autoridades las habían descubierto.

—Nos tenían locos. Abrían y cerraban empresas, trasladaban dineros de unas a otras con la excusa de que se trataba del movimiento normal de los recursos que les entregaban los trabajadores de La Rebaja que les estaban pagando la deuda adquirida tras la compra de la cadena de droguerías —nos explicó un oficial de la Dijín—. Todo parecía legal, pero sabíamos que en el fondo seguían lavando dineros de los hermanos Rodríguez.

Sin embargo, a mediados de 1999 se habría de producir un giro radical de las investigaciones de las autoridades de Estados Unidos y Colombia, que en los siguientes años afectarían a los hermanos Rodríguez, a sus familias y a su poderoso aparato financiero.

Un día, cuando se encontraba en su pequeña oficina de la sección antinarcóticos de la Fiscalía Federal del Distrito Sur de la Florida, en el centro de Miami, el agente especial del Servicio de Inmigración y Aduanas, Edward Kacerosky, recibió la llamada desde Colombia de un hombre que se identificó como un viejo informante suyo y le contó una historia que lo dejó perplejo. Según el delator, los hermanos Miguel y Gilberto Rodríguez Orejuela seguían traficando con cocaína desde la cárcel La Picota, en sociedad con varios capos del narcotráfico recluidos allí. El informante relató más detalles de lo que sabía, pero no se comprometió a declarar en un juicio, como le propuso Kacerosky.

El investigador entendió enseguida el mensaje de su informante ocasional. Al fin y al cabo en sus 26 años de carrera como agente del servicio de aduanas había conocido de cerca la delincuencia colombiana y en particular a los refinados mafiosos de Cali. Por eso, al terminar la llamada concluyó que había llegado el momento de reactivar las investigaciones que de tiempo atrás había adelantado contra Gilberto y Miguel Rodríguez Orejuela, pero que habían quedado en suspenso por las condenas que les impusieron en Colombia de 15 y 21 años de prisión, respectivamente, y por la anulación de la extradición en la reforma constitucional de 1991.

Kacerosky levantó la mirada hacia un estante donde estaban apiladas numerosas cajas de cartón de color blanco, que guardan pruebas ya utilizadas o próximas a utilizar. Las cajas repletas de documentos, fotografías y grabaciones lo hicieron devolver a 1991, cuando era supervisor de un grupo de trabajo que investigaba delitos de contrabando de carga en Miami y lo llamaron a participar en un caso relacionado con el decomiso de un cargamento de cocaína hallado en postes de concreto que habían llegado a esa ciudad provenientes de Puerto Cabello, Venezuela.

Sin saber aún que alguno de los hermanos Rodríguez estaba detrás del embarque, Kacerosky viajó a Houston, Texas, donde la DEA había capturado a tres ciudadanos estadounidenses y a un colombiano, quienes fueron delatados por sus compinches como miembros de la red encargada de la distribución de la droga. Sin embargo, uno de ellos logró llamar a Cali y le reveló a Miguel Rodríguez Orejuela lo que había ocurrido con el cargamento de coca decomisado en Miami y las operaciones de las autoridades estadounidenses en Texas.

La llamada fue grabada por los investigadores estadounidenses, que confirmaron la participación directa del capo del Cartel de Cali en el transporte de ese cargamento de droga. No obstante, en los siguientes meses los Rodríguez mostraron su poder y a través de un abogado norteamericano lograron callar a los testigos, que al final se negaron a declarar en un juicio. El caso terminó en nada.

Aún así, Kacerosky, la DEA y sus colegas de la Policía en Colombia avanzaron en los siguientes cuatro años en la tarea de desentrañar los misterios que rodeaban a los poderosos capos del Cartel de la droga de Cali y lograron la condena de cerca de 100 personas relacionadas con la organización en Estados Unidos. Además, la crisis generada en Colombia por el Proceso 8.000 desencadenó la llegada a ese país de un puñado de personas —entre ellos Guillermo Pallomari[6] y el piloto Jorge Salcedo, ex jefe de inteligencia de los dos capos del Cartel de Cali— quienes suministraron valiosa información para alimentar los expedientes abiertos en Estados Unidos.

Pero con los Rodríguez en la cárcel y la extradición suspendida, al agente especial del Servicio de Aduanas sólo le quedó la opción de acumular testigos y evidencias para soportar un futuro nuevo caso contra ellos. Kacerosky sabía que tarde o temprano la presión de Estados Unidos obligaría al cuestionado gobierno de Ernesto Samper a promover un cambio en la Constitución para revivir la extradición. Así ocurrió finalmente y el trámite de reforma de la Carta empezó a avanzar en el Congreso. Por eso, la atención de Kacerosky se distrajo por algún tiempo en otros casos.

Hasta ese día de mediados de 1999, cuando recibió la llamada del informante que le reveló que los Rodríguez seguían traficando desde la cárcel. Entonces habló con sus superiores en Miami y Washington, que lo autorizaron a

---

6 Después de quedar en libertad en 1994 por intervención de los Rodríguez, Pallomari se vio obligado a huir y entregarse en Estados Unidos porque su esposa desapareció y al parecer fue asesinada. Posteriormente, se convirtió en testigo estrella de la Fiscalía estadounidense contra decenas de narcotraficantes extraditados desde Colombia. Por muchos años las autoridades sindicaron a William Rodríguez Abadía como autor del hecho, atribuido a su afán de callar a Pallomari.

moverse con celeridad y entrar en contacto con los agentes de la DEA y del grupo especial de inteligencia de la Dijín de Colombia que seguían los movimientos de William Rodríguez Abadía.

Por tal razón, el agente especial estadounidense empezó a viajar con inusitada frecuencia a Colombia, donde se encontró muy pronto con una barrera porque los Rodríguez se habían cuidado de no dejar huellas de sus actividades desde la cárcel. No obstante, su permanencia en el país y el obligado contacto con delincuentes de todo tipo en busca de evidencias produjo resultados en poco tiempo porque un hombre, localizado en forma accidental, suministró datos valiosos sobre la forma de operar de los Rodríguez desde su sitio de reclusión.

Según les relató el informante a Kacerosky y a los otros investigadores en varias conversaciones, los jefes del Cartel montaron en La Picota un sofisticado equipo de comunicaciones que les permitía hablar con el exterior sin problemas y sin el peligro del rastreo por parte de las autoridades. Se trataba de una planta de teléfonos fijos equipada con interruptores para evitar la interceptación de las llamadas[7]. Al mismo tiempo, dijo el delator, los capos habían logrado ingresar a la cárcel —con la complicidad de los guardias que los cuidaban— varios teléfonos celulares cuyos enlaces en la calle se las arreglaban para cambiarles los números cada dos o tres días.

---

7 Desde su cuartel en Cali, los Rodríguez montaron un sofisticado sistema telefónico que no permitía el rastreo de sus llamadas por parte de las autoridades. El equipo estaba programado para desviar el lugar de origen de las llamadas que entraban y salían. Si Gilberto Rodríguez, por ejemplo, hacía una llamada a Bogotá, el sistema hacía que el número telefónico desde el cual se originaba la comunicación apareciera como un abonado de Bucaramanga.

Mientras investigaban la pista suministrada por el informante, el 25 de noviembre de ese año, 1999, se produjo la extradición del venezolano Fernandso Flores Garmendia, quien había sido capturado por la Policía colombiana en agosto del año anterior después de comprobar que desempeñaba un importante papel en el engranaje de los Rodríguez. Debido a sus problemas de salud[8], Flores Garmendia expresó en secreto luego de su captura que estaba interesado en negociar con las autoridades estadounidenses una vez se hiciera efectiva la extradición a Estados Unidos.

De regreso a Miami luego de uno de sus extenuantes viajes a Colombia, Kacerosky habló en varias ocasiones con Flores Garmendia, quien le confirmó que el sistema de comunicaciones montado por los Rodríguez operaba desde una central telefónica de más de 100 líneas instalada en una vivienda cercana a La Picota. Las llamadas salían desde dos teléfonos públicos del pabellón de alta seguridad de la cárcel, que en forma automática eran desviadas a las oficinas de Humberto Rodríguez, hijo mayor de Gilberto, donde las recibía una secretaria que a su vez las desviaba a los teléfonos con los cuales los Rodríguez se querían comunicar.

En sus charlas con Flores Garmendia, Kacerosky descubrió que éste era depositario de información muy valiosa para apuntalar una eventual acusación en Estados Unidos contra los jefes del Cartel. Flores era el emisario de confianza de Miguel Rodríguez porque además de llevar todo tipo de mensajes se encargaba de ingresar a Colom-

---

8 El exceso de peso y la altura de Bogotá afectaban de manera grave la salud de Fernando Flores, quien debía usar tanque de oxígeno en forma permanente porque tenía serias dificultades para respirar.

bia los dólares que producían los embarques de cocaína enviados a través de la ruta venezolana, que seguía siendo exitosa para los jefes del Cartel de Cali y en especial para Miguel Rodríguez, quien había asumido el control de los embarques debido a que su hermano había decidido bajar su perfil dentro de la organización.

Flores Garmendia resultó ser un testigo de excepción porque, según le relató a Kacerosky, entre 1997 y 1998 se encargó de trasladar a Colombia los dólares que producían los embarques de droga que llegaban con éxito a Puerto Rico y Nueva York a través de Cúcuta, en la frontera con Venezuela.

El expediente abierto contra los capos del Cartel de Cali creció en forma notable cuando Flores Garmendia reveló que desde la cárcel los Rodríguez se asociaron con los narcotraficantes Víctor Patiño Fómeque e Iván Urdinola Grajales, quienes tiempo después habían sido trasladados de La Picota a otras cárceles. Según contó Flores, los Rodríguez compraban la cocaína que luego era entregada a empleados de Patiño en Cali y de allí la trasladaban a Buenaventura para su embarque hacia México.

Las charlas de Kacerosky con Flores Garmendia también fueron útiles para alimentar las incipientes investigaciones que el grupo especial de la Dijín y los agentes de la DEA adelantaban contra William Rodríguez Abadía en Colombia. En efecto, el venezolano le contó al investigador estadounidense que en un par de ocasiones le entregó varios millones de dólares al hijo mayor de Miguel Rodríguez. Según Flores, el producto de los embarques fue recibido por Rodríguez Abadía en sus dos oficinas en Cali: la primera, de dos pisos, con acceso por el quinto piso del edificio Vía Veneto; y la segunda en el *penthouse* de un edificio contiguo a un restaurante, donde había una pared falsa con acceso a una escalera de emergencia.

Los Rodríguez, no obstante, no supieron que Flores Garmendia estaba colaborando con los investigadores estadounidenses y durante varios meses sufragaron los gastos de la mamá del venezolano. Incluso, en un par de ocasiones le dieron viáticos para visitar a su hijo detenido en la cárcel federal de Miami.

Con Flores Garmendia como testigo clave en una eventual acusación contra los Rodríguez, el agente Kacerosky se propuso encontrar más evidencias para demostrar de manera inequívoca ante un jurado que los dos hermanos no se habían rehabilitado y que por el contrario se mantenían al frente de una organización criminal que seguía enviando considerables cantidades de cocaína a Estados Unidos.

La búsqueda dio resultado poco después, cuando Kacerosky encontró otro testigo —que también resultaría fundamental—, que le reveló que los Rodríguez eran los dueños de un embarque de 1.200 kilos de cocaína camuflados en ocho cilindros, decomisados por el FBI en Houston, Texas, el 25 de abril de 1997 y donde fueron detenidos los hermanos Luis Fernando y Mauricio Arboleda y Rodrigo Javier Arango.

Intrigado, Kacerosky se dio a la tarea de confirmar la información y verificar hasta qué punto le servía para concretar aún más el caso contra los capos del Cartel de Cali. Semanas después el agente especial empezó a atar los cabos de una compleja maraña que conducía a la cárcel de Colombia donde estaban recluidos los hermanos Rodríguez Orejuela.

En efecto, el destinatario de los cilindros era la empresa RSM, y como contacto aparecía el nombre Louis y un número de beeper: 9023537. Posteriormente, los investigadores descubrieron que ese mismo número había sido alquilado el 22 de marzo de 1995 por Luis Arboleda. Con ese dato,

Kacerosky hizo una minuciosa revisión de miles de documentos que reposaban en su oficina en cajas de cartón y que habían sido decomisados en Colombia y Estados Unidos a los Rodríguez y a su organización durante la cacería que siguió a la muerte de Pablo Escobar.

Dos semanas después habría de encontrar la evidencia que necesitaba para probar que el cargamento decomisado en Texas era de los capos de Cali. En un disquete incautado a Miguel Rodríguez poco antes de su captura aparecía una lista de teléfonos con un nombre, Lucho de la H, y el beeper 9023537, el mismo del contacto en Houston. En otras palabras, Luis Arboleda seguía usando el mismo número de beeper para recibir los embarques de droga que los Rodríguez le enviaban desde Colombia.

Sin embargo, la confirmación de la responsabilidad de los Rodríguez en el cargamento decomisado en Houston no le servía de mucho a Kacerosky porque el hecho se había producido ocho meses antes de la entrada en vigencia de la extradición. No obstante, los investigadores dirigidos por el agente especial de aduanas no se dieron por vencidos y muy pronto encontraron una nueva pista que les resolvería el problema.

En los registros de la Oficina Federal de Prisiones encontraron giros del abogado estadounidense Irwen Lichter a dos prisiones de Estados Unidos, a nombre de los hermanos Arboleda y de Rodrigo Javier Arango. Más tarde Kacerosky confirmó que los Rodríguez habían comprado el silencio de los detenidos mediante las consignaciones de Lichter y el de sus familias, que en Colombia recibieron por largo tiempo una pensión mensual.

Con la confirmación de que los Rodríguez estaban al frente de una empresa criminal que continuó desde su captura y se mantuvo después de la aprobación de la extradición, Kacerosky había logrado concretar otra evidencia importante para acudir tranquilo ante un jurado. Además, tenía en Fernando Flores Garmendia a un testigo valioso. Pero no le pareció suficiente y por ello se propuso buscar otro testimonio que le diera el carácter de irrefutable a la investigación.

Entonces Kacerosky encontró en Julio Jo, un cubano-americano con rasgos orientales que hacía las veces de secretario de los Rodríguez en La Picota[9], la opción más viable para consolidar su acusación. Para lograrlo, el agente especial se las arregló para convencer a las autoridades de autorizar el traslado de Jo a la cárcel de Itagüí, cerca de Medellín.

Una vez recluido allí, entró en contacto con él y al cabo de varias charlas en secreto el delincuente le confirmó a Kacerosky que en efecto a comienzos de 1997 Miguel Rodríguez le pidió la traducción de varios artículos de un periódico de Estados Unidos donde habían publicado la noticia del decomiso de la coca. Según Jo, fue testigo del instante en que los Rodríguez comentaron que en ese embarque habían perdido mucho dinero.

El investigador estadounidense no tardó en obtener de Jo la promesa de declarar en Estados Unidos a cambio de su protección y la de su esposa, que poco después fue llevada a Miami bajo vigilancia especial. Finalmente, el testigo salió de la cárcel y de inmediato fue trasladado a Estados Unidos por Kacerosky, pero pocos meses después murió de cáncer en la garganta.

---

9 A Julio Jo lo conocimos en 1997 en La Picota, cuando nos las arreglamos para ingresar al pabellón de alta seguridad a hablar con Gilberto Rodríguez con el fin de que nos diera una entrevista. Jo hacía las veces de secretario de los capos y era el encargado de entregarles a los visitantes una especie de carta de restaurante en la que aparecían cuatro menús.

La búsqueda de pruebas contra los Rodríguez obligó a Kacerosky a permanecer por largos períodos en Colombia. En uno de esos viajes, en los primeros meses de 2001, el investigador se llevó un gran susto cuando fue localizado en un gimnasio del norte de Bogotá por uno de los abogados de los Rodríguez, quien le pasó un teléfono celular y le dijo que al otro lado de la línea estaba Miguel Rodríguez y deseaba hablar con él.

Kacerosky tomó el aparato y en efecto era el capo. Después de saludarlo y de darle la bienvenida a Colombia, le dijo a su sorprendido interlocutor que si lo necesitaba para algo no dudara en llamarlo. Para el curtido investigador la llamada tuvo un tono de amenaza y reto al mismo tiempo porque Rodríguez lo había llamado desde el pabellón de alta seguridad de La Picota, donde se supone que los presos están aislados del exterior.

—No puedo negarlo, esa llamada me enfureció —le diría Kacerosky en octubre de 2006 al periodista Gerardo Reyes en una entrevista para el periódico *Nuevo Herald* de Miami—. Fue un reto para mí, una provocación. El mensaje era darme a entender que "mire, estoy aquí, donde yo mando; sé dónde está usted, con quién trabaja y no importa que yo esté preso".

El cinismo de Rodríguez y la demostración de poder al hablar por teléfono desde un sitio prohibido molestaron a Washington, que por los canales diplomáticos le hizo saber al Gobierno colombiano que sus agentes en Colombia corrían peligro por cuenta de la cadena de corrupción que manejaban los Rodríguez desde la prisión. La queja fue atendida de inmediato por el Gobierno, que a instancias del Ministerio de Justicia le ordenó al Inpec poner en cintura a los jefes del narcotráfico. Pocos días después un centenar de guardianes ocuparon las celdas de los detenidos en el pabellón de alta seguridad de La

Picota y decomisaron todos los elementos innecesarios, como televisores y neveras, al igual que algunos teléfonos celulares hallados ocultos entre los sanitarios.

Mientras en Colombia los medios de comunicación registraron las medidas adoptadas por las autoridades carcelarias para frenar los excesos de los capos, los Departamentos de Justicia y del Tesoro empezaron a alistar una especie de ofensiva final contra los Rodríguez y el inmenso músculo financiero manejado desde la sede de Drogas La Rebaja en Bogotá por William Rodríguez Abadía y sus parientes más cercanos.

El primer paso de los norteamericanos consistió en cortarle las alas a Rodríguez Abadía, quien por aquellos días de 2002 era catalogado como el verdadero cerebro gris detrás de la organización. Para hacerlo, el 4 de junio de ese año la Oficina de Asuntos Internacionales de la Fiscalía recibió del Departamento de Justicia de Estados Unidos una solicitud de captura con fines de extradición contra el hijo mayor de Miguel Rodríguez Orejuela por los delitos de conspiración para introducir cocaína a ese país y lavado de activos provenientes de esa actividad.

La Fiscalía tramitó la petición de inmediato, pero cometió un error que causó gran molestia en Washington y fue replicada en Bogotá por la embajada estadounidense: les remitió la orden de captura a todos los organismos de investigación, menos al grupo especial de la Dijín que desde hacía siete años seguía los pasos de Rodríguez Abadía.

—Sabíamos dónde estaba, dónde comía, dónde dormía en Cali y en Bogotá. Pero uno de esos días de junio, recién había llegado a un edificio, se nos perdió y no supimos qué se hizo. Desapareció. Horas más tarde nos informaron que había salido la orden de captura con fines de extradición. Lo teníamos a la mano pero no nos enteramos a tiempo —nos dijo un coronel de la Policía que integraba el grupo especial encargado de la persecución de Rodríguez Abadía.

A partir de ese momento la Policía desplegó numerosas operaciones para localizar al fugitivo, pero todas fallaron. Grupos de asalto de la Dijín acompañados por agentes de la DEA hicieron decenas de allanamientos en Cali, Bogotá, Cartagena, Medellín y los Llanos Orientales y hasta en algunas ciudades de Ecuador, Venezuela y España con la cooperación de la Interpol, pero en ninguno de esos lugares encontraron su rastro.

—Es claro que aprendió de los errores de sus mayores porque logró engañarnos —agregó el oficial de la Dijín—. La verdad, nunca estuvimos cerca de capturarlo, pero de todas maneras él sabía que mucha gente estaba detrás, incluidos nosotros y sus enemigos.

Ante el fracaso de las operaciones de búsqueda, ·las autoridades decidieron aislar a los Rodríguez para evitar que se comunicaran con William Rodríguez. El 13 de septiembre de 2002, los dos capos fueron trasladados en forma intempestiva a la cárcel de Cómbita en Boyacá, donde fueron sometidos a un régimen muy similar al de los penales estadounidenses. Una semana más tarde aparecieron fotografiados con uniforme color caqui y visos de colores, las cabezas rapadas y las botas sin cordones.

Pero los Rodríguez demostrarían una vez más que eran huesos duros de roer.

Mientras las patrullas de la Dijín seguían tras la pista de William Rodríguez, el 7 de noviembre se produjo un enorme escándalo porque el juez de Tunja, Pedro Suárez Vaca, dio concepto favorable a un hábeas corpus presentado por los abogados de Gilberto Rodríguez y lo dejó en libertad. Al tiempo que el jefe del Cartel de Cali salía escoltado de la cárcel de alta seguridad de Cómbita por una caravana de camionetas blindadas que se dirigieron hacia Bogotá, el ministro del Interior y de Justicia Fernando Londoño Hoyos se enfrascó en una agria polémica con el juez Vaca, a quien acusó de haber incurrido en prevaricato.

La noticia cayó como una bomba en Washington y en Miami el agente Kacerosky la recibió como un baldado de agua fría, porque una vez más los líderes del Cartel de Cali se habían salido con la suya. Y nuevamente las autoridades de Estados Unidos expresaron en privado su molestia al Gobierno colombiano por la laxitud del Código de Procedimiento Penal. La Casa de Nariño respondió de inmediato y le ordenó al alto mando de la Policía conformar un grupo especial de agentes de la Dijín para seguir el rastro de Rodríguez Orejuela. La Fiscalía, entre tanto, empezó a hurgar en sus archivos con el fin de encontrar otros expedientes que pudieran servir para procesarlo de nuevo.

El revés que significó la liberación de Gilberto Rodríguez fue subsanado en parte semanas después, el 27 de diciembre de 2002, cuando el Congreso aprobó la Ley de Extinción de Dominio, que por primera vez estableció herramientas sólidas para arrebatarles de las manos a los delincuentes los bienes mal habidos. La nueva norma reemplazó una primera ley de extinción aprobada en 1997, que sin embargo fue burlada por los delincuentes porque no era lo suficientemente drástica para hacer expeditos los trámites de expropiación de los bienes mal habidos.

La nueva ley tardaría varias semanas en demostrar que tenía dientes de verdad para perseguir las propiedades adquiridas con dinero ilícito, pero con el paso del tiempo se habría de convertir en herramienta definitiva en la lucha contra la delincuencia. Pero mientras ello ocurría, Estados Unidos lanzó a comienzos de 2003 una nueva ofensiva, que sería definitiva, contra los Rodríguez.

La primera fase se dio en España el 6 de febrero, cuando el Departamento del Tesoro les comunicó a las fuerzas de seguridad españolas, por medio de canales diplomáticos, que acababa de incluir 59 empresas —diez de ellas de ese país y las restantes radicadas en Colombia— en la Lista Clinton[10] por estar al servicio del Cartel de Cali. La novedad de esta decisión consistió en que las autoridades estadounidenses incorporaron por primera vez en esa lista negra a ocho miembros de la familia Rodríguez, a cuatro de sus parientes políticos y a 125 personas que formaban parte de las juntas directivas de esas 59 empresas.

Las diez compañías españolas acusadas por el Departamento del Tesoro estadounidense fueron 2000-Dodge S.L., Café Andino S.L., CPV Sistemas Gráficos S.L., Customer Networks S.L., Inversiones Claupi S.L., Inversiones Españolas Femcar S.L., Inversiones Inmobiliarias Valeria S.L., Jaromo Inversiones S.L., Rodríguez y Tolbanos S.A. y Valores Corporativos Españoles S.L. Todas tenían la particularidad de que habían sido creadas conforme a las leyes españolas e incluso tenían sus impuestos al día.

Una semana después, el 13 de febrero, las autoridades estadounidenses demostraron que el cerco sobre el emporio financiero de los Rodríguez no tenía reversa. Ese día y por cuenta de información enviada a la Fiscalía de Colombia desde Washington, la Policía allanó las oficinas

---

10 En 1995, después de la captura en Colombia de los hermanos Rodríguez Orejuela, el presidente de Estados Unidos, Bill Clinton, creó una especie de lista negra en la que a partir de ese momento serían incluidos los nombres de personas y empresas relacionadas directa o indirectamente con el tráfico de drogas o el lavado de activos. La Lista Clinton, o SDNT por sus siglas en inglés, significa Traficantes de Narcóticos Especialmente Designados y aparecer en ella implica que ninguna empresa puede tener relaciones de negocios con ellos.

donde funcionaban varias empresas creadas por los hijos de Miguel y Gilberto Rodríguez Orejuela para, según decían los documentos estadounidenses, lavar dineros provenientes del narcotráfico.

Una de las oficinas ocupadas por los investigadores en Cali fue la de Jaime Rodríguez Mondragón, quien tenía almacenada en la memoria de su computador la historia de varias empresas farmacéuticas que proveían productos a la cadena de droguerías La Rebaja a través de Copservir. Allí aparecían relacionadas Coopifarma, Farmavisión, Megapharma y Litopharma, así como Credirebaja una compañía que expedía tarjetas de crédito a bajo costo para que los compradores de La Rebaja pudieran acceder a medicamentos por este medio. También fueron hallados documentos de Vamosa, Valores Mobiliarios de Occidente, empresa creada por todos los hijos de Miguel Rodríguez para recibir los recursos girados por Copservir con los cuales amortizaba la deuda por la supuesta venta de La Rebaja a sus trabajadores.

Otros documentos hallados en las oficinas de Rodríguez Mondragón en la capital del Valle condujeron las pesquisas hasta Madrid, España, donde fue descubierto el rastro de Fernando Gutiérrez Cancino, uno de los cerebros financieros de la organización.

Entre tanto, la libertad de Rodríguez habría de durar muy poco porque el 12 de marzo de 2003, escasos cuatro meses después de que el juez de Tunja autorizó su salida de Cómbita, un fiscal dictó nuevamente orden de captura en su contra por el presunto envío a Tampa, Estados Unidos, de 150 kilos de cocaína. Las evidencias fueron enviadas por el agente Kacerosky, que allegó testimonios y documentos que señalaban al capo como responsable directo del cargamento. Las patrullas de la Dijín que permanecían al acecho cerca de la residencia de Rodríguez lo capturaron sin problema alguno y luego lo trasladaron a Bogotá en un avión de la Policía.

El regreso a la cárcel de Rodríguez Orejuela no detuvo la ofensiva estadounidense sobre la familia y sus colaboradores. Por el contrario, la aceleró. El 6 de junio, la Dijín y la Fiscalía, acompañados a prudente distancia por agentes de la DEA, ocuparon las oficinas de Copservir en Cali y hallaron agendas y copias de cartas enviadas a los hermanos Rodríguez por algunos directivos de la cooperativa en las que explicaban en detalle los movimientos más importantes de la cadena de droguerías. Uno de esos mensajes decía: "Comunicar a don Gilberto y a don Miguel sobre la creación de otras empresas que ayudarán en la venta de productos farmacéuticos y de prestación de servicios a nuestra compañía".

De un momento a otro Estados Unidos tenía en sus manos decenas de pruebas con las que podría consolidar una nueva acusación contra los jefes del Cartel de Cali y avanzar en el expediente ya abierto contra algunos miembros de la familia sobre los que recaían sospechas de lavar activos y obstruir la administración de justicia tanto en Colombia como en ese país.

A comienzos de diciembre de 2003, Kacerosky se propuso revisar el caso una y otra vez y sopesar la contundencia de los testimonios de al menos una docena de personas detenidas en cárceles de Estados Unidos, que habían aceptado declarar en un eventual juicio contra los hermanos Rodríguez Orejuela. Luego examinó en detalle los archivos relacionados con los embarques de cocaína que los dos narcotraficantes enviaron desde La Picota después de 1997.

También le prestó especial atención a un documento que le llegó por aquellos días a su oficina en el edificio de la Corte Federal de Miami, relacionado con una investigación desarrollada por la Dijín tras el allanamiento, el 10 de julio de 2002, de una casa en la calle 43 Norte con carrera 2E de Cali, en la que, según datos de un informante, cuando estuvieron juntos en La Picota, entre 1997 y 1999, los Rodríguez y los capos del Cartel del Norte del Valle, Víctor Patiño e Iván Urdinola, almacenaron allí cocaína, dólares y hasta misiles portátiles.

Después de la ocupación de la vivienda, que tenía una sofisticada bóveda subterránea, la Dijín inició una paciente tarea de investigación que al cabo de varios meses terminó con la certeza de que en efecto los Rodríguez, Patiño y Urdinola habían empleado esa casa como sitio de paso de los cargamentos que iban rumbo al puerto de Buenaventura. Por eso, una vez terminó de leer los detalles de la operación, Kacerosky no dudó en calificarla como una valiosa prueba adicional contra los capos de Cali.

También serían decisivas las capturas el 17 de diciembre en Cali de Luis Eduardo Cuartas Soriano y Harold Vélez Restrepo, sobre quienes el investigador estadounidense había puesto los ojos de tiempo atrás porque se trataba de expertos en finanzas que trabajaban para William Rodríguez Abadía. A través de la Fiscalía del sur de la Florida, Kacerosky había solicitado la detención de estas personas para extraditarlas con el fin de golpear aún más la estructura empresarial de los Rodríguez. Pocas horas después de la detención de Cuartas y Vélez, otro hombre, identificado como Daniel Serrano Gómez, considerado pieza valiosa en el engranaje empresarial de los Rodríguez y también solicitado en extradición, se presentó en forma voluntaria en el Comando de la Policía en Bucaramanga, donde anunció su decisión de someterse a la justicia de Estados Unidos.

Con Cuartas, Vélez y Serrano a las puertas de la extradición, el agente especial estadounidense consideró que tenía tres ases más bajo la manga para enfrentar a los Rodríguez en los tribunales estadounidenses. Y así se los hizo saber a sus superiores, que decidieron no esperar más y aprovechar las festividades de fin de año para anunciar el inicio de los trámites ante el Estado colombiano para lograr la extradición a ese país de los hermanos Miguel y Gilberto Rodríguez Orejuela.

Así, de manera inesperada y como no ocurría hacía tiempo, el 22 de diciembre de 2003 las agencias estadounidenses, que de una u otra manera habían intervenido en la investigación contra los capos del Cartel de Cali, anunciaron nuevas acusaciones contra ellos por tráfico de drogas y lavado de activos.

—La prisión donde están no es un refugio —señaló Michael García, secretario adjunto de ICE en Miami—. Los narcotraficantes plantean amenazas claras y obvias a la seguridad interna, al importar drogas y violencia a las calles estadounidenses.

—Hace una década los hermanos Rodríguez estaban en la cumbre de su juego criminal. Su imperio del tráfico de drogas les rendía miles de millones de dólares. Poseían vastas propiedades y ejercían gran influencia. Eran los intocables colombianos. Ahora esperan ser extraditados a Estados Unidos de América para pagar por sus crímenes —agregó Roger Mackin, oficial antinarcóticos del Departamento de la Seguridad del Territorio Nacional.

—Esta acusación es la culminación de una investigación detallada y a largo plazo a los niveles mundiales más altos —dijo a su vez Marcos Jiménez, fiscal federal del sur de la Florida—. Estos individuos están acusados de tráfico de miles de toneladas de cocaína, de generar miles de millones de dólares en ganancias y de proteger ese comercio ilícito mediante la obstrucción de la justicia.

—En el transcurso de los años hemos aprendido que la persistencia es el ingrediente principal para llevar a esos cabecillas del narcotráfico ante la justicia. La acusación de un jurado contra estos jefes del Cartel de Cali hace que el sacrificio valga la pena —sentenció Thomas Raffanello, director de la oficina de la DEA en Miami.

El anuncio de las solicitudes de extradición de los Rodríguez pasó casi inadvertido en los dos países, que por aquellos días se habían olvidado del ajetreo diario de las noticias y estaban concentrados en las festividades de navidad y año nuevo.

Kacerosky sólo descansó lo necesario porque el 11 de febrero de 2004 llegó a la sede del Tribunal del Distrito Sur de la Florida y sustentó ante la juez Lurana S. Snow la acusación contra los Rodríguez y la consiguiente solicitud de extradición que sería enviada a la Oficina de Asuntos Internacionales de la Fiscalía de Colombia. Se trataba de un trámite normal, pero para el agente especial de aduanas era el comienzo del fin de 26 años de trabajo, 13 de los cuales había permanecido al frente de las investigaciones contra los poderosos barones de la droga de Cali.

Confiado en que el *indicment* o acusación llegaría pronto a la Corte Suprema de Justicia y que ésta aprobaría la extradición de los Rodríguez antes de terminar ese año, Kacerosky y los equipos de investigación de la DEA y el Departamento del Tesoro empezaron a mover las piezas de otro ajedrez para arrinconar a William Rodríguez Abadía, el único miembro de la familia a quien consideraban realmente peligroso y con capacidad de maniobra para dar la pelea desde la clandestinidad. Hasta ese momento el grupo especial de la Dijín y de la DEA que desde 2002 recibió el encargo de capturarlo no había tenido éxito y por el contrario el paradero del hijo mayor de Miguel Rodríguez se había convertido en un completo misterio.

Entonces las autoridades estadounidenses optaron por golpear nuevamente la estructura financiera de los Rodríguez. Lo hicieron el 19 de febrero de 2004, cuando la Policía española capturó a Fernando Gutiérrez Cancino cuando subía a un avión que cubría la ruta Barcelona-Madrid-Bogotá, al tiempo que en Bogotá la Fiscalía y la Dijín allanaron las empresas Matsum, Procar, Credisol, Farmacop, Sharper y Caja Solidaria.

La detención de Gutiérrez en España y el registro de más empresas de los Rodríguez fueron interpretados en las dos familias como la señal inequívoca de que Estados Unidos se proponía asfixiarlos definitivamente. Aún así, los herederos de los Rodríguez se decidieron a dar la batalla en dos frentes para dilatar la segura extradición de Gilberto y Miguel y demostrar ante la opinión que las empresas administradas por ellos manejaban recursos lícitos y no tenían nada que ver con el tráfico de drogas.

Por varios meses los abogados de los dos capos intentaron por diversos caminos jurídicos que los magistrados de la Sala Penal de la Corte examinaran a fondo la solicitud de extradición y analizaran las pruebas que la sustentaban. En forma paralela, los herederos de los Rodríguez hablaron con numerosos periodistas y lograron espacio en los noticieros de radio y televisión, así como en las revistas y periódicos, para mostrar una cara diferente de la familia y enviar el mensaje de que ellos no tenían nada que ver con los pecados de sus mayores.

No obstante la doble estrategia empleada por los Rodríguez, el 17 de septiembre de 2004 la Unidad de Extinción de Dominio y Contra el Lavado de Activos de la Fiscalía ordenó la intervención de la cadena de droguerías La Rebaja y los laboratorios farmacéuticos Farmacoop y Cosmepop, avaluados en 550.000 millones de pesos.

Nunca antes en la historia contra el narcotráfico el Estado había realizado una acción como esa, que demandó la participación de 3.200 policías y 465 fiscales. Al final de la jornada, los Rodríguez vieron impotentes la ocupación de 442 puntos de venta de Drogas La Rebaja en 96 municipios del país.

—Esta operación pone fin al Cartel de Cali —explicó ese día el director de la Dijín, el hoy general Óscar Naranjo—. Ese Cartel de narcotráfico empieza a ser parte de la historia criminal de Colombia, ya que sus cabecillas están tras las rejas, otros fueron extraditados y sus bienes ilícitos han sido recuperados para todos los colombianos. El 96% de la empresa pertenecía aún a los hermanos Miguel y Gilberto Rodríguez Orejuela.

Una vez culminó la diligencia en todo el país, la Dirección de Estupefacientes asumió la administración de la empresa y de inmediato relevó de sus cargos a 50 trabajadores de La Rebaja que el Departamento del Tesoro acababa de incluir en la Lista Clinton. También nombró nuevos directores regionales para la cadena de farmacias.

Semanas después y como era previsible, la Sala Penal de la Corte Suprema dio vía libre a la extradición de Gilberto Rodríguez. Los magistrados mantuvieron intacta su vieja tesis de examinar únicamente los documentos que soportaban la petición pero sin adentrarse en el estudio de la validez de las pruebas recaudadas. Y como era de esperarse también, en pocos días el presidente Álvaro Uribe firmó la resolución mediante la cual autorizó el traslado del extraditable a Estados Unidos.

En la tarde del 3 de diciembre de 2004, Rodríguez y varios funcionarios estadounidenses abordaron un pequeño avión ejecutivo de la DEA, que al cabo de un par de horas de vuelo hizo escala en la base aérea de Guantánamo, en Cuba. Poco después de que la aeronave se abasteció de combustible y reinició el viaje hacia el aeropuerto de Miami, el jefe del Cartel de Cali supo que en la misma aeronave viajaba Edward Kacerosky, el agente especial que lo persiguió sin descanso por más de una década.

Tres meses después, el 11 de marzo de 2005, Miguel Rodríguez Orejuela fue extraditado también y recluido en la Cárcel Federal de Miami, a tres celdas de distancia de donde se encontraba su hermano Gilberto. Pero sus condiciones no eran las mejores porque fueron llevados a un lugar que se conoce como el *shut*, un sitio oscuro y aislado, sin comunicación con el exterior.

Kacerosky, la DEA y el fiscal Edward Ryan empezaron a prepararse para enfrentar a los Rodríguez en un juicio, ya que los hermanos Rodríguez hicieron saber a través de sus abogados que se declararían inocentes de los cargos que les había imputado el Departamento de Justicia en la solicitud de extradición. Según ellos, tras su captura lo único que hicieron fue dedicarse a estudiar en la cárcel y tampoco continuaron en el tráfico de estupefacientes.

Mientras la causa contra los capos del Cartel de Cali avanzaba muy lentamente en Miami, en Colombia surgió una polémica porque la Fiscalía había dado una especie de reversazo en el proceso de extinción de dominio de Drogas La Rebaja. Los abogados de la familia recurrieron a normas contempladas en el régimen legal que cobija la Economía Solidaria, según las cuales el Estado no puede intervenir los aportes de los trabajadores. El asunto se enredó de tal manera que en poco tiempo los herederos de los Rodríguez lograron recuperar buena parte de los privilegios de que gozaban desde antes de la intervención en septiembre de 2004. Varios de ellos tenían contratos de asesoría con La Rebaja y recibían grandes sumas de dinero por concepto de alquiler de bodegas o venta de computadores y muebles. No obstante, la Fiscalía salió al

paso de la discusión y muy pronto la Dirección de Estupefacientes puso de nuevo en cintura a La Rebaja y a sus
administradores, que perdieron capacidad de maniobra.

Una vez enterados del comportamiento de los familiares de los Rodríguez en Colombia, que seguían tratando
de influir sobre propiedades incluidas en procesos de
extinción de dominio, las autoridades estadounidenses
optaron por enviarles un mensaje a través del propio Kacerosky, que por aquellos días de mediados de 2005 había
entrado en contacto permanente con algunos de ellos a
propósito de los permisos especiales que requerían para
viajar a Miami a visitar a sus parientes.

Según revelaría el propio agente en una entrevista al
periódico *Nuevo Herald*, él les informó a los familiares de
los Rodríguez que seis de ellos estaban en la mira de Estados Unidos, que de tiempo atrás había abierto expedientes
en su contra por lavado de activos y obstrucción a la justicia y que en el peor de los casos podrían ser solicitados
en extradición. Aun cuando no mencionó los nombres,
Kacerosky se refería a Humberto, Jaime, María Alejandra
y María Fernanda Rodríguez Mondragón, y a Carolina
y Juan Miguel Rodríguez Arbeláez, quienes habían sido
incluidos en la Lista Clinton a comienzos de 2003.

El mensaje cayó como una bomba en el seno de las
dos familias, que creyeron entender un mensaje adicional
en la llamada de Kacerosky: Estados Unidos se proponía
presionar a William Rodríguez a entregarse o de lo contrario se iría de frente contra los hijos de Miguel y Gilberto
Rodríguez Orejuela.

El proceso de discusión interna en las familias Rodríguez que siguió a la comunicación de Kacerosky
es un secreto, pero pocos días después Jimena Wilson,
esposa de William Rodríguez, llamó al investigador estadounidense y le dijo que su marido estaba dispuesto a

hablar con él. Así ocurrió y Rodríguez Abadía no tardó en llamar a Kacerosky para decirle que había llegado el momento de iniciar una negociación para entregarse. Según explicó, estaba cansado de huir y los problemas renales que lo aquejaban hacían más complicados sus desplazamientos.

Después de esta conversación, la esposa de Rodríguez Abadía localizó en Miami al abogado Humberto Domínguez, quien asumió el caso y de inmediato entró en contacto con Kacerosky y con los fiscales que tenían en sus manos el expediente contra Rodríguez Abadía. Al cabo de varias reuniones, muy pronto acordaron que el primer paso de una futura negociación debía ser la entrega del prófugo que, según el abogado, de ninguna manera debía ser en Colombia porque la familia estaba segura de que la Policía lo presentaría como un trofeo. Entonces escogieron a Panamá como sitio del encuentro. Allí se reunirían Rodríguez, Kacerosky, el fiscal federal y los agentes secretos que lo conducirían a Miami.

En este estado se encontraba la negociación cuando Rodríguez Abadía recibió la llamada de su esposa Jimena al promediar diciembre de 2005. Por aquellos días el extraditable estaba refugiado en una pequeña casa de campo situada en la parte alta del municipio de Envigado, en las goteras de Medellín.

Al comenzar el nuevo año, Rodríguez Abadía examinó las opciones para viajar a Panamá y encontró que no lo podía hacer por vía aérea debido a los drásticos controles aeroportuarios y al peligro latente de que las autoridades colombianas descubrieran sus movimientos. Entonces decidió que la mejor manera de llegar al vecino país era por vía marítima. Así lo hizo y en la tarde del 13 de enero llegó a Ciudad de Panamá y de inmediato entró en contacto con funcionarios del FBI en esa ciudad, que lo remitieron a la Dirección de Migración para adelantar los trámites legales de su entrega.

Al día siguiente, Rodríguez Abadía se encontró por primera vez con el agente Kacerosky y hablaron por largo tiempo. El fugitivo le explicó al agentes especial que por más de dos años su padre y su tío se opusieron a su entrega, pese a que él estaba dispuesto a hacerlo antes por sus problemas de salud y para evitarles más dificultades a sus parientes. También reconoció varias de las acusaciones que pesaban en su contra respecto del papel que desempeñó en la organización luego de la captura de su padre y de su tío y se comprometió a colaborar con la justicia estadounidense.

Dos días más tarde, el 16 de enero, Kacerosky llegó a Miami con el escurridizo hijo mayor de Miguel Rodríguez Orejuela. La suerte de toda la familia había quedado sellada.

Lo que ocurrió después ya es historia. Entre enero y septiembre de 2006, el agente Kacerosky movió con inocultable astucia los hilos de un proceso judicial que para Estados Unidos no podría tener un mejor final: el 9 de marzo, William Rodríguez Abadía se declaró culpable de narcotráfico y de haber manejado la organización desde 1995 y anunció su intención de declarar contra su padre y su tío en el juicio programado para septiembre. Más tarde, el 29 de ese mes, fue sentenciado a 21 años de prisión, que podrá rebajar de manera sustancial si el juez que lo condenó certifica que su colaboración con la justicia estadounidense fue eficaz.

Después de conocer la sorprendente determinación de William, los hermanos Miguel y Gilberto Rodríguez iniciaron un vertiginoso proceso de negociación con la Fiscalía de Miami que concluyó el martes 26 de septiembre con la condena de los dos capos a 30 años de cárcel y la entrega de todos sus bienes, valorados en 2.100 millones de dólares, a cambio de la congelación condicional de los procesos contra seis de sus herederos acusados de obstrucción a la justicia y lavado de activos.

Ese día, desde su cómoda oficina en Washington, la directora de la DEA, Karen Tandy, habló con los periodistas y en una corta frase resumió lo que había ocurrido ese día en la Corte Federal de Miami: "Lo único que tengo que decirle en este momento al ajedrecista es jaque mate".

Epílogo

Mucha agua ha corrido debajo del puente en estos diez años, después de que en 1996 Estados Unidos aplicó el Programa de Resocialización de Narcotraficantes para enfrentar a los despiadados y a la vez ingeniosos narcotraficantes colombianos.

Tras el desmantelamiento de los carteles de Medellín y de Cali y la aparición de narcos igual de sanguinarios, pero más preparados y con menos ansias de protagonismo público, las autoridades estadounidenses descifraron el enorme desafío que les planteaban estructuras unipersonales amantes del dinero, con insospechadas conexiones en el exterior y muy eficientes a la hora de obtener la materia prima requerida para expandir el negocio.

Aun cuando es claro que el tráfico de narcóticos sigue siendo un negocio altamente rentable y la cocaína sale a raudales desde Colombia, lo cierto es que una década después la estrategia logró que al menos 300 delincuentes aceptaran las reglas de juego y se decidieran a dejar esa actividad. A cambio, Estados Unidos obtuvo valiosa información sobre el funcionamiento de los carteles de la droga de Colombia y recibió una incalculable cantidad de dinero a manera de indemnización.

Con todo, el panorama es diferente. Desde 1997, unos 500 narcotraficantes fueron extraditados a Estados Unidos y la extinción de dominio se convirtió en herramienta eficaz con la que el Estado recuperó muchos de los bienes obtenidos ilícitamente. Pero desde la otra orilla es forzoso reconocer que en 1996 había 5.500 hectáreas sembradas de amapola y 38.000 de coca, frente a 15.000 y 85.000 de finales de 2005.

Aun así, es previsible que Estados Unidos mantenga el rumbo fijado hace diez años por el Departamento de Justicia. La estrategia de la zanahoria y el garrote ha demostrado ser herramienta eficaz para enfrentar a los narcotraficantes colombianos, que ya no se pueden amparar en la fragilidad del sistema judicial del país.

El fantasma de la extradición o la opción de negociar son las únicas opciones que hoy tienen los barones de la droga. Así parecen haberlo entendido los poderosos comandantes de las autodefensas, que al cierre de este libro empezaban a mostrarse dispuestos a negociar con Estados Unidos. Por lo menos así lo dijo Vicente Castaño, quien desde la clandestinidad se refirió al tema: "La mayoría de la cúpula de las AUC está tratando de negociar el sometimiento con las autoridades norteamericanas. A nadie le gustaría ser extraditado. Por eso la extradición es el meollo del asunto".

Contenido

Planeta

España
Av. Diagonal, 662-664
08034 Barcelona (España)
Tel. (34) 93 492 80 36
Fax (34) 93 496 70 58
Mail: info@planetaint.com
www.planeta.es

P.º Recoletos, 4, 3.ª planta
28001 Madrid (España)
Tel. (34) 91 423 03 00
Fax (34) 91 423 03 25
Mail: info@planetaint.com
www.planeta.es

Argentina
Av. Independencia, 1668
C1100 ABQ Buenos Aires
(Argentina)
Tel. (5411) 4382 40 43/45
Fax (5411) 4383 37 93
Mail: info@eplaneta.com.ar
www.editorialplaneta.com.ar

Brasil
Av. Francisco Matarazzo,
1500, 3.º andar, Conj. 32
Edificio New York
05001-100 São Paulo (Brasil)
Tel. (5511) 3087 88 88
Fax (5511) 3898 20 39
Mail: psoto@editoraplaneta.com.br

Chile
Av. 11 de Septiembre, 2353, piso 16
Torre San Ramón, Providencia
Santiago (Chile)
Tel. Gerencia (562) 431 05 20
Fax (562) 431 05 14
Mail: info@planeta.cl
www.editorialplaneta.cl

Colombia
Calle 73, 7-60, pisos 7 al 11
Bogotá, D.C. (Colombia)
Tel. (571) 607 99 97
Fax (571) 607 99 76
Mail: info@planeta.com.co
www.editorialplaneta.com.co

Ecuador
Whymper, N27-166, y A. Orellana,
Quito (Ecuador)
Tel. (5932) 290 89 99
Fax (5932) 250 72 34
Mail: planeta@access.net.ec
www.editorialplaneta.com.ec

Estados Unidos y Centroamérica
2057 NW 87th Avenue
33172 Miami, Florida (USA)
Tel. (1305) 470 0016
Fax (1305) 470 62 67
Mail: infosales@planetapublishing.com
www.planeta.es

México
Av. Insurgentes Sur, 1898, piso 11
Torre Siglum, Colonia Florida, CP-01030
Delegación Álvaro Obregón
México, D.F. (México)
Tel. (52) 55 53 22 36 10
Fax (52) 55 53 22 36 36
Mail: info@planeta.com.mx
www.editorialplaneta.com.mx
www.planeta.com.mx

Perú
Av. Santa Cruz, 244
San Isidro, Lima (Perú)
Tel. (511) 440 98 98
Fax (511) 422 46 50
Mail: rrosales@eplaneta.com.pe

Portugal
Publicações Dom Quixote
Rua Ivone Silva, 6, 2.º
1050-124 Lisboa (Portugal)
Tel. (351) 21 120 90 00
Fax (351) 21 120 90 39
Mail: editorial@dquixote.pt
www.dquixote.pt

Uruguay
Cuareim, 1647
11100 Montevideo (Uruguay)
Tel. (5982) 901 40 26
Fax (5982) 902 25 50
Mail: info@planeta.com.uy
www.editorialplaneta.com.uy

Venezuela
Calle Madrid, entre New York y Trinidad
Quinta Toscanella
Las Mercedes, Caracas (Venezuela)
Tel. (58212) 991 33 38
Fax (58212) 991 37 92
Mail: info@planeta.com.ve
www.editorialplaneta.com.ve

Grupo Planeta   Planeta es un sello editorial del Grupo Planeta www.planeta.es